Hilman matkassa

Kuolismaasta Issakkaan

Toivo Korpelainen

Seija Timonen

Hilman matkassa

Kuolismaasta Issakkaan

Kustantaja: BoD – Books on Demand, Helsinki, Suomi

Valmistaja: BoD – Books on Demand, Norderstedt, Saksa

ISBN: 978-952-80-5085-8

Lukijalle

Hilman evakkomatka alkoi tutusta kotipihasta Kuolismaassa ja kulki monien paikkakuntien kautta Savoon sijoituskuntaan. Matka jatkui myös koko välirauhan ajan muutosta muuttoon takaisin Karjalaan, oman kotipihan raunioille. Ajoreessä istuminen päivästä toiseen, yösijat toisten nurkissa, eväsnyytit sekä jatkuva huoli ja murhe sodassa olevista läheisistä olivat tuttuja tuntemuksia vuosien ajan.

Hilman nuorin tytär Eila oli Hilman ja Josuan mukana näillä evakkomatkoilla. Eila on kertonut muistojaan miehelleen Toivolle heidän avioliittonsa aikana. Hän on kertonut sen aikaisesta maatilan- ja karjan hoidosta, kasvien viljelystä, heinän teosta ja viljojen puinnista. Hilma on räätälin tyttärenä neuvonut lapsilleen käsitöiden tekemistä ja niinpä lapsista on tullut taitavia käsi- ja puutöiden tekijöitä. Kaiken Eilan kertoman Toivo on painanut tarkkaan mieleen ja kirjoittanut ne käsin muistiin sopivan hetken tullen.

Hilman pojan, Jussin, tyttärenä kiinnostuin mummoni Hilman tarinasta, evakkomatkoista ja sen ajan elämästä Kuolismaassa, Mäntyniemen tilalla, joka sodassa jäi rajan taakse. Isäni ja hänen veljensä olivat sodassa viiden vuoden ajan ja ymmärsin jo lapsena, että jotain kauheaa sotiminen on ollut. Paljon siitä ei puhuttu. Haluttiin ottaa elämästä kiinni ja unohtaa sodan kauheudet, vaikka ne seurasivat isääni läpi elämän painajaisten muodossa. Sodan päätyttyä Josua ja Hilma saivat kylmän asutustilan Ilomantsin Issakasta, jossa vanhukset viettivät viimeiset vuotensa. Tilasta tehtiin kauppakirja Hilman pojalle ja tämän vaimolle. Kauppakirjaan sisältyi ehto, että Hilma ja Josua saavat elää Issakassa lopun elämäänsä. Josua ehti asua Issakassa kuusi vuotta ja Hilma 14 vuotta. Viimeisinä vuosina nivelrikko runteli Hilman kädet ja sormet menivät koukkuasentoon. Lopulta myös jalat menivät liikuntakyvyttömäksi ja hän köpötteli sisällä keppien kanssa, kunnes lopulta joutui vuoteenomaksi.

Toivo esitteli minulle kirjoittamiaan tekstejä ja pyysi kirjoittamaan ne tietokoneella "puhtaaksi." Eläydyin voimakkaasti 1900-luvun elämään ja luonnon ehdoilla elämiseen. Pystyin ajatuksissani näkemään Hilman siellä kaiken keskellä touhuamassa, niin lapsia hoitamassa kuin kauniita mattoja ja pöytäliinoja kutomassa. Kaksi kertaa evakkotaipaleelle lähteminen rakkaista kotimaisemista on aiheuttanut hänelle ja perheelle paljon kyyneliä ja syvää ahdistusta tulevaisuudesta. Yösijakaan evakkotaipaleella ei ollut itsestäänselvyys. Mikä sai Hilman ja Josuan talvisodan jälkeen palaamaan takaisin ja rakentamaan kodin uudelleen palaneen tilalle? Olisi ollut helpompia ja vakaampia vaihtoehtoja. Vastaus on yksiselitteinen. Kuolismaa kauniine vaaroineen, metsineen ja peltoineen sekä Kyläjärven kauniit rannat ovat piirtyneet Hilman sielun syvimpään sopukkaan. Kuolismaan maisemissa oli koettu vuoroin ilon, surun, murheen ja onnen tuulahdukset. Kaipuu Karjalaan ja Kuolismaahan oli niin suuri, että muuta vaihtoehtoa ei Hilma ja Josua edes ajatelleet. Kotikonnuilta lopullisesti irtirepiminen on täytynyt olla tuskallista ja epätoivoista, myös Hilman ja Josuan lapsille ja lapsenlapsille. Rauhan tultua asioita ei haluttu repiä uudelleen auki ja sen takia niistä puhuttiin vähän tuleville sukupolville.

Kiitokset Ensio Kettuselle, jonka laajasta kirjallisesta tuotannosta pystyimme tarkistamaan asiatietoja. Kiitos myös lukuisista valokuvista, joita löytyi sukulaisten vanhoista albumeista ja laatikoista. Eilalle suurkiitos tositarinoiden kertomisesta ja Toivolle erityinen kiitos monisivuisista muistiinpanoista ja tarkoista tapahtumien ajankohdista. Korpelaisen Arille kiitokset tietoteknisistä ohjeista. Kiitämme myös toisiamme hyvästä yhteistyöstä.

Toivo Korpelainen   Seija Timonen

SISÄLTÖ

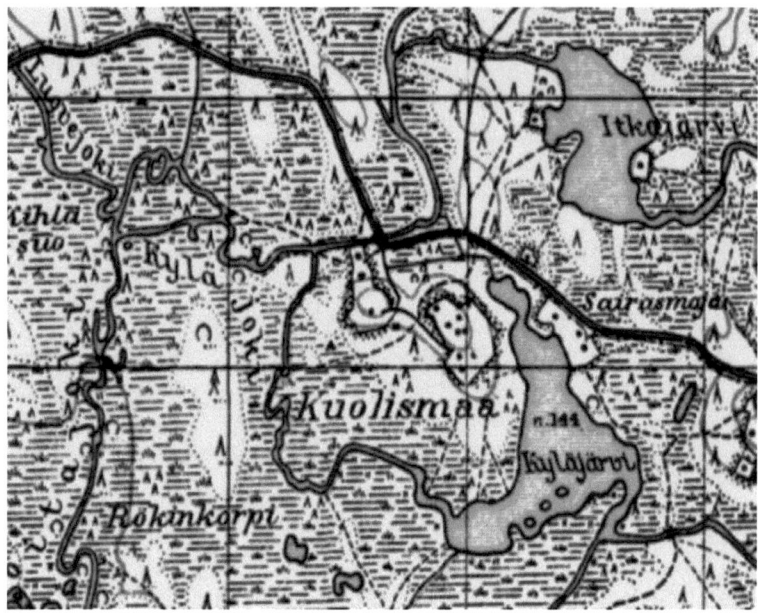

JOSUA KETTUSEN SUVUN AIEMPAA HISTORIAA

Vuonna 1595 Täyssinän rauhassa Pohjois-Karjalan alue jäi Ruotsille. Ruotsalaiset pyrkivät käännyttämään väestöä luterilaisuuteen, mutta osa alueen väestöä pakeni raskaita veroja Venäjän puolelle, osa Tverin alueelle. Venäjä oli tuolloin sekasortoisessa tilassa ja niinpä Ruotsi sai Stolbovan rauhassa 1617 Käkisalmen läänin ja Inkerinmaan alueen. Tässä vaiheessa sukumme esi-isä Matts Matinpoika Kettuin syntyi etelä-Savossa, Rantasalmen Voinsalmen kylässä v. 1636. Ruptuuriso-dassa 1656-1657 Venäjä hyökkäsi Inkerinmaalle ja Karjalaan. Ortodok-siväestö liittyi hyökkääjien puolelle luterilaisia vastaan. Venäjän vetäy-tyessä syntyi myös ortodoksiväestössä joukkopako Venäjän suuntaan - heitä muutti 1600-luvulla yli 30 000 henkilöä.

Rantasalmella Mats Kettuin oli avioitunut 1660 –alkupuolella. Avioliitosta oli syntynyt kaksi poikaa; **Erik, s. 1671** ja Matti, s. 1674. Samaan aikaan Mats oli vaimonsa ja lastensa kanssa lähtenyt liikkeelle etsien uutta asuinpaikkaa. Monien vaiheiden jälkeen he ovat saapuneet Ilo-mantsiin Koitereen pohjoisosaan Larinlahteen 1680-luvun alussa ja siitä edelleen Kuoralahteen (Kivilahti) v. 1685.

Karjalassa oli jäänyt paljon tiloja tyhjäksi ortodoksien muuttoliikkeen ja joukkopaon takia. Myös raskaita katovuosia oli ollut niin Kuoralah-dessa kuin Kuolismaalla. Pettua, oljesta tehtyjä jauhoja ja jäkälää käy-tettiin leivän tekoon. Kylmä ja halla veivät satoa. Nälänhätä ajoi ihmi-siä liikkeelle ja nälkäkuolemat olivat yleisiä. Niinpä Mats Kettuin per-heineen lähti liikkeelle ja siirtyi v.1696 Kuolismaahan korkealle vaaral-le, Matinvaaralle, Kyläjärven rantamaille, missä oli silloin vain muu-tama asuttu tilallinen.

Mats Kettuin pojat, Erik ja Matti kiertelivät 1700-luvun alussa eri puo-lilla Kuolismaata. Kettuset asuivat 1700-luvun alussa kolmella eri tilalla: 1.Kuolismaa 1, Lutikka, 2. Kuolismaa 2; Matinvaara ja Kuolismaa, 3. Miikkulanvaara, joka on Matinvaaran kantatila.

Mats Kettuin poika **Erik** (1671-1758) asettui torppariksi Kuolismaan Matinvaaralle. Hän meni naimisiin Helena (Elin) Hyvärisen (1694 – 1769) kanssa ja he saivat kaksi lasta; Anna (1711-1784), ja **Juho (Johan)** (1712 – 1782). Matinvaaran asukkaat olivat suurimmaksi osaksi luterilaisia talonpoikia ja torppareita, he saivat autioituneita tiloja viljelyynsä käräjäpäätöksen jälkeen.

Torppari Juho (Johan) Kettunen (1712-1782) avioitui vuonna v.1745 Helga Pussisen (1726 – 1782) kanssa. Helga oli lähtöisin Ilomantsin Maukkulasta. Juholle ja Helgalle syntyi kahdeksan lasta, joista vanhin **Erik (1747-1817)** vihittiin 1.avioliittoon Maria Vartiaisen (1747-1777) kanssa. He saivat viisi lasta, toiseksi vanhin lapsista oli **Juho(Johan) (1768-1845)**. Isä Juhon 2. aviopuoliso oli Magdaleena Kuivalainen Tokrajärven Kakonahosta. Lapsia toisen puolison kanssa oli kahdeksan. 1700-luvulla yleisiä kuolinsyitä olivat poltetauti, kuume, halvaus tai vanhuus. Tapaturmista yleisin oli hukkuminen.

1700-lukua varjosti Suuri Pohjan sota, jonka seurauksena ortodoksiväestö pakeni joukottain edelleen Venäjälle. Uudenkaupungin rauhassa v.1721 Venäjä sai Suomen kaakkoisosan. V. 1741 alkoi Pikkuviha, joka kohdistui Laatokan rannikoihin, joita vuoroin ruotsalaiset, vuoroin venäläiset sotilaat hävittivät ja ryöstivät.

Juho(Johan) Kettunen, vanhempi (1768-1845) tapasi Lutikkavaarasta kotoisin olevan Maria Tahvanaisen (1776 – 1852). Heidät vihittiin v. 1797. Juho harrasti metsästystä ja hän toimi myös myllärinä. Lapsia perheeseen syntyi seitsemän. Henrik (1795- 1830), Maria (1798-1859), kolmas lapsista oli isänsä mukaan nimetty **Juho (Johan) (1802-1856)**. Neljäs lapsista Anna (1805-), sitten Liisa (1810-), Kaisa (1813-), ja Jakob (1816- 1868).

Perhe asui Lutikkavaarassa. Myös lapsista pojat jäivät Lutikkavaaraan. Tytöt siirtyivät avioliiton kautta usein miehen asuinpaikalle. Tytöt eivät myöskään saaneet osuuksia maatiloista, vaan he saivat myötäjäisiksi astioita, kankaita, työkaluja tai muutaman eläimen.

Perhe, suku ja suurperhe ovat karjalaisten elämäntavan keskeiset piirteet. Karjalainen elämäntapa perustui vuodenkiertoon ja juhlapyhiin. Vuodenkiertoa jäsensivät esimerkiksi luonnon rytmi ja kirkon perinteet.

Kettusten perheet ja lapsien perheet olivat usein suurperheitä eli samassa talossa tai naapureina asui useita veljeksiä perheineen. Saman katon alla voi asua myös veljesten vanhempia sekä naimattomia sisaruksia ja toisinaan myös muita sukulaisia. Suku yhdisti karjalaisia.

Elinkeino saattoi määrätä asuinmuodoksi suurperheen. Kalastajan tai metsästäjän työn takia talon isäntä joutui lähtemään pitkille, päiviä tai viikkoja kestäville matkoille, vaimolle ja lapsille oli turvallista ja käytännöllistä asua yhdessä muun suvun kanssa. Lapsi syntyi sukuun, hänet kasvatettiin suvun perinteiden mukaisesti ja kun hän kuoli, hänestä tuli suvun vainaja, jota muistettiin. Kun nainen avioitui, hänen oli sopeuduttava miehen suvun tavoille. Anoppi hallitsi usein poikiaan, eivätkä he monestikaan pitäneet nuoren vaimonsa puolta. Miniänä olo oli usein jopa orjan osaan verrattavissa. Naiset purkivat surunsa työn ääressä, usein lauluihin ja virsiin.

Juho (Johan) Kettunen vanhempi(1768-1845) ja Juho (Johan) Kettunen nuorempi (1802-1856) hankkivat metsätilan Enso Gutzetilta, jonka koko oli noin 1200 hehtaaria. Kauppaan kuului, että heidän kuuluisi toimia metsänhoitajina 30 vuoden ajan pientä korvausta vastaan. Kun Henrik (s.1795) kuuli isänsä ja veljensä sopimista kaupoista, hän luuli, että maa-/metsäkauppa oli isänsä ja veljensä kanssa sovittu vain kahdestaan ja tunsi siitä katkeruutta. Isä Juho vanhempi toimi kuitenkin

11

reilusti ja jakoi maa-alueen kolmen poikansa kesken vuonna 1824. Maa-alueet saivat Henrik, Juho ja Jakob, 400 hehtaaria kukin. Tämä oli tavallaan ennakkoperintöä Henrikille, koska hänen morsiamensa oli raskaana kihlausaikana. Henrikillä oli rahantarve ja kun Enso Gutzet oli halukas ostamaan puutavaraa, Henrik teki puukaupan v. 1826 ja oli tyytyväinen saamiinsa rahoihin. Huomioitavaa kuitenkin oli, että tehdystä puukaupasta oli tullut epähuomiossa maakauppa. Henrikille tämä oli ikävä asia. Muutaman vuoden kuluttua hän sairastui tuntemattomaan kuumetautiin ja kuoli 1830. Henrik ja Helena Pesonen saivat yhden tytön, Marian, joka Henrikin kuollessa oli 5-vuotias.

Juho (Johan) Kettunen (1802-1856) asui Lutikkavaarassa. Hän avioitui Riitta (Brita) Ikosen (1797-1881) Lokanlahdelta. Heidät vihittiin vuonna1833. Lapsia syntyi neljä; Liisa 1833, Juho 1835- , Jaakko (1837-1906) ja **Josua (1840-1915).**

Juho (Johan) Kettusen osuus maa-alueesta oli noin 400 hehtaaria. Kun Juho (Johan) kuoli varsin nuorena, vuonna 1856 hukkumalla, maatila jakaantui kolmelle hänen pojistaan – Juholle (1835-) Jaakolle (1837-1906) ja Josualle (1840-1915). Jokainen sai noin 133 hehtaaria.

Josua Kettunen(1940 - 1915) oli lampuoti Kuolismaa 2- maatilalla. Hänen puolisonsa Anna Kettunen (1842 – 1887) oli myös Kuolismaalta, herastuomari, lautamies Jakob Kettusen tytär. Josualle ja Annalle syntyi kaksi tyttöä, Maria ja Riitta, jotka kuolivat noin 1 viikon ikäisinä. Perheeseen syntyi myös viisi poikaa; Juho(Johan) (1864-1950), Jaakko (Jakob) (1866-1944), Daniel (1876-), **Josua Kettunen (1879 – 1955)** ja Matti (1883-). Josua on ukkini. Josuan äiti Anna Kettunen kuoli Josuan ollessa 6-vuotias. Josuan isä muutti myöhemmin Ontronvaaraan, jossa hän kuoli vuonna 1915. Maatila, Mäntyniemi, sijaitsi lähellä Kuolismaan tsasounaa, Huotarinvaaran alapuolella. Lähinaapureina asustivat Mikko ja Pelagea Salomaa Parturila –nimisellä tilalla. Mäntyniemi oli jaettu viidelle pojalle, josta Josuan osuus oli noin 26 hehtaa-

12

ria. Josua eli äidin kuoleman jälkeen lapsuutensa ja nuoruutensa isänsä ja veljiensä kanssa. Hän oli innokas metsämies ja oppi myös tekemään metsätöitä ja hankkimaan lisäruokaa kalastamalla läheisestä järvestä. Hän oli oppinut tekemään kauppaa myös metsälinnuista ja eläinten nahkoista Pietarin suunnalle.

Kovat nälkävuodet ja taudit piinasivat elämää Ilomantsissa ja Kuolismaalla myös vuosina 1866 – 68. Kesä tuli myöhään ja viljat eivät ehtineet kypsyä ennen talven tuloa, vaan ne mätänivät hankien alle. Samoin kävi seuraavana vuonna, joskin paljon rajummin – ankarat hallat tuhosivat sadon lähes kokonaan. Moni talollinen jäi ilman leipäviljaa ja oli turvauduttava pettuleipään ja korvikkeisiin. Herneen varsista keitettiin puuroa ja rukiin olkia jauhettiin leipätaikinaan lisäksi.

Kettusten talon ylläpitämisestä ja ruokahuollosta vastasivat isä-Josua ja pojat Anna-äidin kuoleman jälkeen. Vanhimmat veljeksistä, Juho ja Jaakko muuttivat 1880-luvulla omiin taloihinsa. Talo kaipasi kipeästi puuhakasta emäntää ja siihen tarpeeseen Josua tapasi Hilman. Yhteinen matka Kuolismaasta Issakkaan saattoi alkaa. (Lähde: Kettunen E., 2003 ja 2009; Kuolismaan Kettuset I ja II)

Kuolismaa 2, Matinvaara, jota myös Kettulanvaaraksi kutsutaan, tilan omistus siirtyi 1855 - 1856 Nils Ludvig Arppen omistukseen, vuonna 1903 Ilomantsin *Metsäkiinteistöt Oy:lle ja vuonna 1908 Enzo Gutzeit Oy:lle. Tilalla asui Kuolismaan Kettusia* omistussuhteiden muuttumisten jälkeenkin lampuoteina, torppareina ja mäkitupalaisina. Vuonna 1930 tilan rakennukset ja pellot n. 40 ha siirtyivät kaupalla Jussi Kettusen omistukseen Ensolta. Samana vuonna myös kaikki kylän tilat siirtyivät tiloilla asuneiden lampuotien, torpparien ja mäkitupalaisien omistukseen. Kettulan kantatilan (Kuolismaa Rno 1[43], Kettula) metsämaat n. 17 500 ha jäi kuitenkin Enso Gutzeit Oy:n omistukseen.   Lähde: https://www.kuolismaankettuset.fi/etusivu/kuolismaan_kettuset/

13

HILMA JA JOSUA – ARKIELÄMÄÄ KUOLISMAASSA

Tapaaminen ja hääjuhla

Hilma syntyi Liisa ja Taneli Heikinpoika Rissasen perheeseen vuonna 1886. Hilman isä Taneli Rissanen (jota myös Taavetiksi kutsuttiin), oli syntynyt v.1852 Nuorajärvellä. Hän oli ammatiltaan räätäli ja mäkitupalainen. Taneli muutti räätäliksi Kuolismaahan v.1876. Hän teki sekä helpompia kotivaatteita että miesten pussihousuja ja takkeja sarkakankaasta sekä miesten pukuja tehdasvalmisteisesta puuvillakankaasta. Sarka karstattiin lampaanvillasta. Räätälin ammatti oli 1800-luvulla arvostettu ammatti.

Hilman äiti oli Risto Kuikan tytär Liisa Kuikka, syntynyt 1861 Ilomantsin Viinivaaralla. Taavetti ja Liisa vihittiin vuonna 1878. Perheeseen syntyi ensin kaksi poikaa; Bernhard (1881) ja Evert (1883) ja sitten Hilma (1886). Bernhard on kuollut v. 1918 Sortavalan vankileirillä todennäköisesti punatautiin. Evert on vihitty Kaisa Hattusen kanssa.

Vuosi 1906 oli Hilmalle merkittävä vuosi. Hilma oli juuri täyttänyt 20 vuotta, kun hänen elämän kuvioihin tuli mukaan komea 26-vuotias Josua Kettunen. Josua ei ollut aikaisemmin tavannut yhtä herttaista ja mukaansa tempaavaa nuorta ja kaunista tyttöä kuin mitä Hilma oli. Myös Hilman mielestä juhannuksena tavattu nuori mies oli sellainen, johon voisi tutustua lähemmin. Juhannusiltana molemmat jo totesivat, että tapaamisia on jatkettava. Kesän ja syksyn aika oli nuorille onnen aikaa ja tapaamiset olivat ihastumisen täyttämiä.

Syyskesä oli Hilman ja Josuan mielestä sopiva aika mennä kihloihin. Kihlajaisia vietettiin Josuan kotona keyrinä eli Mikkelin päivänä syyskuussa 1906. Vieraina olivat Josuan isä Josua, veljistä Daniel ja Matti. Vanhemmat veljet Juho ja Jaakko olivat muuttaneet jo omiin koteihinsa. Myös Hilman vanhemmat Liisa ja Taavetti Rissanen tulivat tervehtimään kihlajaisparia. Kihlajaisten merkeissä käytiin näyttäytymässä myös Rissasilla. Sinne olivat tulleet Hilman veljet Bernhard ja Evert. Näin olivat molempien lähisukulaiset saaneet tutustua toisiinsa.

Loppuvuosi meni nopeasti seurustellessa ja tapaamisissa. Tapaamisia järjestyi molempien kotitilalla, kylätiellä tavattaessa, soudellessa kauniilla Kyläjärvellä ja myös monenlaisten maatalon töiden merkeissä. Seuraavan vuoden loppiaisen aikaan Hilma ja Josua alkoivat keskustella naimisiin menosta. Josua sai sovittua kirkkoherran kanssa, että hän ja Hilma menisivät Ilomantsin evankelis-luterilaiseen kirkkoon maaliskuun viimeisenä sunnuntaina ottamaan kuulutukset. Hääpäiväksi sovittiin sunnuntai 7.4.1907.

Hääpäivän aattona vietettiin Rissasilla Hilman läksiäistanssit eli morsiamen hyvästijättö, jossa yleisen tavan mukaan morsiamen äiti esitti itkien hyvästijättölaulun. *"Vielä naiaan naapureihin, otetaan omille maille, näön kautta, varren kautta, tahotaan tapojen kautta."* (naittajaiset. blogspot.com)

Morsiamen hyvästijättölaulu perustui eron haikeuteen tytön kotona, kun perheen oli luovuttava tyttärestään, joka avioliiton myötä muuttaa sulhasen luo asumaan. (folkloresuomifinland.fi)

Hääpäivän aamuna oli aikainen herätys jo ennen neljää. Hilma menee kamariin pukeutumaan itse leikkaamaansa ja ompelemaansa valkoiseen, lähes nilkkoihin ulottuvaan hääpukuun. Apua puvun leikkaamiseen hän oli saanut isältään Taavetilta. Tummat hiukset hän kampaa suoriksi, tekee jakauksen keskelle päätä ja kietaisee hiukset taakse nutturalle. Hilma silittää kädellä pukunsa edustaa ja on tyytyväinen, sillä tuntee sydämessään onnellisen päivän olevan tulossa. Viiden aikoihin hän menee ulos, missä Josuan veli Jaakko seisoo ajoreen vierellä kohentaen lammasvällyjä hääparille. Jaakolla oli yllään lammasnahkaturkki ja käsissään koirannahkarukkaset. Hevonen näykkii vielä viimeisiä heinätuppoja. Josua tulee ulos. Hän on pukeutunut valkoiseen kauluspaitaan, mustaan kravattiin, pukuliiveihin ja mustaan pukuun. Josua ottaa Hilmaa kädestä ohjaten hänet rekeen ja istuu Hilman viereen. Molemmat katsovat toisiaan pieni onnen hymy kasvoillaan. Lunta oli sopivasti ja pieni pakkanen, kun hevonen porhaltaa matkaan. Maisema on luminen ja kuusenoksat taipuivat kuin hääparille onnea nyökytellen. Matka sujui joutuisasti lumen kitistessä reen jalasten alla. Takana tuli häävieraita, hevoskyydillä ajaen. Möhkössä oli pysähdyttävä antamaan hevosille vettä ja heiniä – samalla hääväki kävi kahvilla.

Ilomantsissa kirkon pihaan hääväki saapui sopivasti vähän vaille kymmenen. Kirkkoherra piti ensin jumalanpalveluksen ja sen jälkeen alkoi Hilman ja Josuan vihkiminen aviopariksi. Kirkkoväki jäi seuraamaan vihkimistilaisuutta. Kirkkoherra astuu alttarin eteen suorittamaan vihkimistä. Hän nyökkää ja kirkkoväki nousee seisomaan, kun Josua ja Hilma astelevat kirkon käytävää pitkin. Kuultuaan molemmilta myönteisen "tahdon"-sanan, pappi lausuu: "Jumalan nimessä julistan teidät aviopariksi, rakastakaa ja tukekaa toisianne. Onnea ja siunausta teidän avioliitollenne." Lopuksi hän ojentaa nuorelle aviomiehelle käteen vihkiraamatun, onnittelee ja kättelee molempia. Aviopari näyttää totisilta, mutta onnellisilta. Pieni hymynväre näkyy Hilman kasvoilla. Hilma suhtautuu luottavaisin mielin tulevaisuuteen Josuan rinnalla.

Kotimatkalle hääpari lähti ensimmäisenä. Hevonen kirmasi juoksuun, kun kuormana oli kevyt aviopari, joten he olivat tuossa tuokiossa Möhkön Majatalolla, jossa hääpari kahvitteli. Kun muu hääväki tuli tauolle, lähti hääpari jo jatkamaan eteenpäin. Kuolismaahan tultuaan hääpari meni valokuvaamoon otattamaan hääkuvan. Häätaloon tultuaan muut vieraat olivat jo heitä vastaanottamassa. Sisällä hääparia odotti laulutervehdys. Karjalainen pitopöytä notkui monenlaisista herkuista ja ruoka maistui hyvin pitkän ajomatkan jälkeen. Karjalan-

16

piirakoita, vatruskoita ja jälkiruokia oli varattu runsaasti. Ruoka-juomana oli sahtia, maitoa ja piimää.

Hääkakkukahvilla odotettiin, kuinka hyvin hääparilta onnistuisi hää-kakun leikkaaminen. Kun kakkulapio oli molempien kädessä, niin Hilma painoi käsiä kakkua kohti ja samalla hän polkaisi jalkaa lattiaan ennen Josuaa. Hääkakkupala syötiin yhdessä samalta lautaselta. Häätilaisuudessa Hilma sai tutustua Josuan sukuun ja heidän ystäviinsä. Josuan veljistä Juho, Jaakko, Daniel ja Matti olivat mukana juhlissa perheineen. Häissä oli mukana myös Hilman vanhemmat ja veljet. Häävieraita oli yli 70 henkilöä.

Hääkakkukahvien jälkeen tuli paikalle kaksi kylän hanuristia. Hääpari tanssi ensimmäisen valssin "Tonavan aallot" kahdestaan. Josua ohjaa Hilman tanssilattialle ja pari tanssii keinuen toistensa käsivarsilla ja katsoen toisiaan onnen hymy kasvoillaan. Sen jälkeen sukulaiset ja muut häävieraat yhtyvät tanssin pyörteisiin. Hanuristit soittavat vaih-dellen sen ajan tansseja, kuten sottiisia, polkkaa, jenkkaa, mazurkkaa ja tangoa. Illan hämärtyessä sisälle sytytetään öljylamput valaisemaan juhlahuonetta ja ulos myrskylyhdyt. Josua ja Hilma siirtyivät aamuyön tunteina kamariin hääyötä viettämään ja molemmilla oli vahva usko yhteiseen tulevaisuuteen.

Hilma asettui asumaan Josuan kotitilalle, jota oli hoidettu parikym-mentä vuotta miesvoimin Josuan äidin kuoltua jo vuonna 1887. Sa-massa huushollissa asuivat alkuvaiheessa Josuan veljet Daniel ja Matti vaimoineen. Huoneita oli neljä ja asukkaita kuusi. Josua ja Hilma sai-vat oman huoneen. Hilmaa eivät työt pelottaneet, hän oli tottunut maatalon töihin, joten toimet ja askareet sujuivat totutusti. Hilman veljet olivat huomanneet Hilman jo pienenä tyttönä olevan monessa asiassa heitä näppärämpi – niinpä Hilma sai tehdä asioita, joista pojat mieluusti luopuivat. He antoivat Hilman hoitaa yksinään vaatteiden korjaamiset ja paikkaamiset ja parsimiset. Hilma neuloi myös lam-

17

paanvillasta kehrätystä villasta miesväelle villasukkia ja Josualle villapaidan. Hilman isä Taavetti oli opettanut Hilmalle koneella ompelemisen taidon ja kankaiden leikkaamisen mallin mukaan. Taavetti oli ollut myös kanttorin opissa, jossa oli oppinut soitto- ja laulutaitoja. Kiertokoulussa hän oli oppinut lukemaan, kirjoittamaan ja laskemaan yhteen- ja vähennyslaskuja. Näitä oppeja hän oli opettanut Hilmalle ja Hilma edelleen Josualle ja tämän veljille. Pyykkipäivänä talon naiset kokoontuivat järven rannalle, jossa oli muuripata. Pyykki pestiin, keitettiin muuripadassa ja huuhdeltiin järvessä. Sitten pyykki leviteltiin pensaiden päälle ja nurmikolle kuivumaan.

Perhepiirissä ja lähisuvussa oli myös sattunut useita tapaturmia ja kuolemantapauksia. Nämä asiat saivat Hilman harkitsemaan tarkoin tulevaisuuden suunnitelmia. Hilma huomasi jo kesällä odottavansa lasta ja yritti olla varovainen. Hilma oli kotonaan tottunut kotitalous- ja karjanhoitohommiin, joten hän luonnollisesti otti pääroolin kotiaskareissa ja ruuanlaitossa. Päivisin syötiin usein perunaa ja läskisoosia tai lihasoppaa. Ruisleipää ja lanttukukkoa Hilma oli opetellut tekemään jo lapsuuskodissa. Perunapiirakoidenkin tekeminen onnistui yhdessä naisväen kanssa. Maidon he hakivat naapurista, koska omia lehmiä ei vielä ollut. Hilma oli ajatellut, että oman myötäjäiskarjan hän ottaisi vastaan vasta seuraavana keväänä, silloin olisi ensimmäinen lapsi jo pitkälti yli puolen vuoden. Hilman ajatukset sopivat hyvin Josualle ja myös toisille talon asukkaille.

Elämän iloja ja suruja

Kuolismaan asukkaiden elämään tuli suuri muutos, kun kylälle alettiin rakentaa maantietä kesällä v. 1907. Josuan veli oli laittamassa räjäytyspanosta, kun nalli räjähti käteen ja käsi vaati lääkärinhoitoa. Maantie kuitenkin valmistui ja helpotti monen kyläläisen kulkua.

Hilman raskaus sujui hyvin, vaikka töitä hän joutui tekemään aamuvarhaisesta iltamyöhään. Väinö syntyi lokakuussa 1907. Lapsi kuitenkin kuoli reilun vuoden kuluttua joulukuussa 1908. Menetys oli raskas Hilmalle ja Josualle. He kantoivat raskain askelin pienen puuarkun hautausmaalle siunattuun maahan. Hilma tunsi syvää surua ja murhetta ja alkuun hän ei jaksanut tehdä päivän töitä. Pikkuhiljaa suru hellitti ja kotityöt alkoivat sujua Josuan auttaessa ja tukiessa häntä.

Keväällä 1909 Hilmalle tuli jo halu saada ruokailuun oman lehmän maitoa. Josua ja veljet rakensivat eläimille suojan ja laitumet. Sitten Josua kävi hakemassa Rissasilta myötäjäisiksi sovitut lehmän, lehmivasikan ja pari lammasta. Tämän jälkeen tuntui Hilman elämä muuttuvan paljon kotoisammaksi kuin sitä ennen. Eläimet tunsivat Hilman ja Hilma silitteli ennen lypsyä omaa lehmäänsä, Mustikkia.

Hilman toinen lapsi syntyi syksyllä 1909. Poika sai nimekseen Uuno. Uuno oli terhakka ja reipas poika ja tuotti iloa äidille ja isälle. Uuno oli oikea hymyveitikka ja sai tuvan väen iloiseksi. Ilo ja suru vaihtelivat, sillä pian tuli suruviesti, että Josuan veljen, Danielin, vaimo oli kuollut tuntemattomaan sairauteen.

Kuolismaan elämä vilkastui maantien myötä. Kylän vaikuttajahenkilöt halusivat jatkaa sivistyksen kohottamista kaikille kyläläisille ja etenkin lapsille ja saivatkin myönnytyksen saada aloittaa neljäluokkainen supistettu kansakoulu v. 1910. Kansakoulu rakennettiin Kuolismaan Kettusten kantatilalle Matinvaaraan, Kettulan tilalle. Opettajana toimi alkuun Olga Savimaa, tyttönimeltään Klementjev. Koulua kävivät niin ortodoksi- kuin luterilaiset lapset. Keväällä 1911 Josua pääsi tekemään kunnolla maanviljelystöitä. Hän rakensi aidan oman maa-alueen ympärille. Ruohikon kasvaessa keväällä lehmät ja lampaat voitiin laskea vapaaksi laitumelle syömään tuoretta ruohoa. Illalla lehmät tulivat lypsypaikalle karjahakaan ja olivat siellä yön.

Taas vaihtui vuosi ja Hilma synnytti kolmannen lapsen tammikuussa 1912. Lapsi oli poika ja sai nimekseen Eetu. Eetu-lapsi eli vain vajaan vuoden. Jo toisen lapsen kuolema tuntui Hilmasta vaikealta ja raskaalta kestää. Taas joutui Josua vaikeaan tehtävään, rakentamaan puuarkun jo toiselle lapselle ja hautaamaan hänet kirkkomaahan. Yhdessä Hilman kanssa he kuitenkin ajattelivat, että toivotaan tulevaisuudelta parempaa onnea. Niin he päättivät, että toteutetaan papin kehoitus; "rakastakaa toisianne ja lisääntykää!"

Seuraava kesä meni nopeasti kesätöiden parissa. Lehmiä oli jo kaksikin ja vasikka kasvamassa. Hilma lypsi Mustikin ja Omenan aamuin ja illoin ja kuljetti lehmät syömään äpärettä aitaukseen. Maitoa juotiin ja lopusta maidosta separoitiin kermaa ja kurria. Kermasta Hilma kirnusi voita. Lampaat olivat kesän ulkosalla, Josua oli rakentanut lampaille avokatoksen sateita ja yöpymistä varten. Keväällä Hilma yhdessä Josuan kanssa keritsi lampaat. Villat laitettiin säkkeihin ja talvisaikaan Hilma karstasi villat. Kun rukki tuotiin tupaan, Hilma kehräsi villat langoiksi.

Marja-aikaan Hilma kiiruhti lähimetsään marjoja poimimaan Josuan jäädessä Uunon kanssa kotitöille. Metsissä oli runsaasti mustikoita ja metsämansikoita, ojanreunamilla myös mesikkaa. Hilma keitti mustikoista hilloa ja pullotti ne. Ne säilyivät maakuopassa pitkälle talveen. Mustikkaa käytettiin mustikkapiirakkaan ja siitä tehtiin kiisseliä. Puolukkaa poimittiin syksymmällä. Josua oli tottunut metsästysreissuilta tuomaan myös sankollisen puolukkaa mukanaan. Se survottiin puukorvoon ja siinä se säilyi kevääseen saakka. Puolukkaa käytettiin paljon kaikenlaisten ruokien kanssa sekä mehuna.

Josua kalasti kesäaikaan Kyläjärven rannoilla ja vesillä. Naapureilla oli rannassa yhteinen vene. Hyvän saaliin tullen osa kaloista laitettiin suolaan puutynnyriin, josta talvisaikaan saatiin lisäsärvintä ruokapöytään. Saunan seinällä roikkui myös rautalanka, jonne särkiä kesäaikaan pujotettiin ahavaan paistumaan.

Elokuulla 1913 syntyi neljäs lapsi, tyttö. Tämä tyttö sai nimekseen Hilja. Tytön syntyminen oli Hilmalle hyvin tärkeä. Hilma toivoi tytön kasvaessa päästä opettamaan tytölle käsitöitä, kutomista, räätälöintiä sekä kotitöitä ja karjan hoitoa. Uunolle vauvan syntymä oli iloinen asia, sillä hän oli nähnyt, kuinka pikku-Eetu oli viety pois.

Kevättöiden aikaan Josua otti Uunon viljan kylvöhommiin. Uuno sai pienenä poikana laittaa lepän varpuja eri lajikkeiden väliin merkiksi. Vastaavasti Hilma talvella 1915 teki käsitöitä ja korjasi ja teki uusia lasten vaatteita. Hän huomasi olevansa taas raskaana, mikä toive toteutui, kun tammikuussa 1916 syntyi pieni poika. Lapsi sai nimekseen Kettusten suvun mukaan Johannes, (Jussiksi häntä kutsuttiin) terve ja terhakka poika hänkin. Jussi on isäni. Jussilla oli jo hoitajia, sillä Uuno ja Hilja halusivat Jussin omiin leikkeihinsä mukaan.

Uuno aloitti syksyllä vuonna 1916 neliluokkaisen kansakoulun. Koulun 1.luokkaa opetti M.Ikonen, 2.luokkaa Pekka Siimestö ja 3.-4. luokkaa Johannes Pirttilahti. Hänen vaimonsa Outi Pirttilahti siirtyi Kuolismaan sairasmajalta opettajaksi vapaussodan jälkeen. Koulun pihapiiriin oli myös rakennettu halkoliiteri ja ulkohuusit sekä maakellari. Käsitöitä opetettiin luokassa, puutöitä varten oli luokassa höyläpenkki ja luonnontietoa käytiin oppimassa osittain ulkosalla Kyläjärven maisemissa.

Kerhotoimintaa ja puhdetöitä

Hilman ja Josuan elämä asettui omaan rytmiinsä ja yhteiselo jatkui hyvässä sovussa. Kotityöt ja lapsista huolehtiminen täyttivät Hilman päiviä. Kuolismaa kehittyi myös kylänä, sillä koulun tultua lukutaito ja erilaiset kerhot käynnistyivät koulun tiloissa. Kylässä oli myös kaksi

21

kauppaa; Jussi Hoskosen ja Ivan Timoskaisen kaupat, jotka kilpailivat myynnillään. Talvella 1918 Hilma huomasi olevansa taas raskaana ja heidän kuudes lapsi näki päivän valon saunan lauteilla heinäkuussa 1918. Myös edelliset lapset olivat syntyneet saunassa. Lapsi oli tyttö ja sai nimekseen Martta. Hilma ajatteli, että 5-vuotias Hilja tulisi hyvin toimeen nuoremman siskonsa kanssa kaikenlaisissa leikeissä ja toimissa. Niin kävikin. Hilja oli jo iso tyttö omasta mielestään ja tykkäsi leikkiä Martan kanssa. Se vapautti Hilman tekemään pidempikestoisia töitä. Hilma oli kehrännyt suuret määrät villalankoja. Nyt Hilma laittoi ne kerälle ja vyyhdelle. Hilma suunnitteli seuraavana talvena kutovansa pitkän sarkakankaan. Sarkakankaasta hän voisi ommella housuja Josualle ja pojille.

Joulun jälkeen v.1920 Josua ja Uuno kantoivat sisälle aitasta kangaspuut. Yhdessä Uunon ja Hiljan kanssa Hilma kasasi kangaspuut ja luomapuut tuvan lattialle. Josua kävi hakemassa kaupasta loimilangaksi sopivia lankavyyhtejä. Hilma oli laskenut, että kehrätyt kudevillalangat riittävät noin neljälle metrille sarkakangasta. Sen mukaan laskettiin ja luotiin loimilanka ja pujotettiin lanka kangaspuiden nostattajan ja pirran läpi.

Siinä riitti puhdetyötä koko talveksi. Kun kangas oli saatu kudotuksi, Hilma otti sen pois ja kääri rullalle. Josua vei kankaan jokivarressa asuvalle tampparille vanutukseen. Kun Josua haki tampparilta kankaan, siitä oli tullut jo paksu sarkakangas. Tuota pikaa Hilma alkaa ottaa mittoja Josuasta ja Uunosta. Merkittyjen mittojen mukaan Hilma leikkaa palat kankaasta. Josua toi kaupasta vuorikangasta sopivan määrän. Sitten alkoi Singer-ompelukoneen ääni täyttää pienen tuvan. Sarkahousuihin Hilma ompelee kuvetaskut sivuille, takataskun kukkarolle ja vasemmalle eteen pienen kellotaskun. Myös napinlävet ja napit henkseleille hän ompelee taakse ja eteen. Eteen Hilma ompelee vielä sepalusaukon, johon kiinnittää napinlävet ja napit samoin kuin vyötärölle. Sarkahousuja sovitettiin heti. Työn jälki on priimaa ja hou-

22

sut ovat sopivat ja lämpimät. Uuno sai uudet sarkahousut neljännelle luokalle. Koulu päättyi ja Uuno juoksi matkan koululta kotiin esittämään päästötodistusta Hilmalle. Kesälomalla Uuno pääsi osallistumaan talon töihin ja auttamaan Josuaa heinätöissä ja navetalla.

Tuli heinäkuu ja Hermannin päivä. Oli aika lähteä niittämään kaikki mahdolliset heinää kasvavat alueet, pellot ja pientareet ja karjahaka. Heinät niitettiin aikaisin aamulla heti neljän jälkeen, näin ne ehtivät kuivua päivän aikana. Illalla heinät haravoitiin rukoon. Hilma ja Josua sekä lapsista Uuno ja Hilja olivat mukana heinänteossa joko sapilailla vieden heiniä latoon tai haravoiden heiniä. Jussi, joka oli 4½- vuotias katsoi Marttaa heinäpellon pientareella kahden puun väliin ripustetussa lakanakeinussa. Jussi pujotti ojan pientareelta metsämansikoita heinään ja syötti niitä Martalle. Tällaisella omalla talkooporukalla saatiin heinät korjattua kuivana heinälatoon. Seuraavana päivänä täytyi vielä etsiä lampaille syötävää talveksi. Oli sopiva aika mennä leppävesakkoon taittamaan leppävarpuja, sitoa ne sopivankokoisiksi kerpuiksi ja viedä ne pareiksi kammitsoituna heinäladon orsille kuivumaan.

Syksyllä Hilja odotti kovasti pääsyä kansakouluun, joka oli edelleen neljäluokkainen ja kolmen opettajan ohjaama. Hilja osasi jo kirjaimet ja vähän tavatakin, joten koulunkäynti oli helppoa. Hilja opetti myös koulussa oppimiaan leikkejä Jussille ja Uunolle, kuten hippasta, kuningaspalloa, piilosta, naruhyppelyä ja kittilää (ruutuhyppelyä). Usein lapset karkasivat naapuriin leikkimään ja heinälatoon hyppimään.

Aikaisin syksyllä Josua niitti keväällä kylvämänsä kauran vihreänä, sitoi ne isoiksi lyhteenmuotoisiksi ja vei latoon seinävierille pystyasentoon. Siellä ne kuivahtaisivat ja hevonen saisi ne syötäväksi talven aikana. Hevonen oli Kettuseen hankittu syyskyntöjä varten.

Rukiin, ohran ja vehnän sirpillä leikkaamiseen Josua järjesti viljanleikkuutalkoot, joihin toivoi myös veljiensä tulevan mukaan. Talkoolaisia

23

tulikin runsaasi, miehiä ja naisia. Naiset osallistuivat lyhteiden sitomiseen. Josua laittoi viljat kuusikoille kuivumaan. Kun rukiin lyhteet olivat kuivuneet, Josua ajoi ne hevosella pihaan ja pyysi Uunoa kaverikseen nostamaan ne parsille. Sitten Josua laittoi riihen uunin lämpiämään. Seuraavana päivänä velimies tuli auttamaan puinnissa. Myös vehnän ja ohran ahoksien laitto ja puinti riusoilla onnistui samalla tavalla. Hyvissä ajoin ennen mikkelinpäivää saatiin nostettua kasvit, turnukset ja perunat ja vietyä ne kuoppaan säilöön. Koko perhe oli mukana kasvisten nostossa.

Koulun joulujuhlaan Hilma otti Jussin ja Martan mukaan. Hilja esiintyi juhlassa sekä yksin että oli mukana lauluissa ja leikeissä muun ryhmän mukana.

Lapsiluku lisääntyy

Hilma tunsi ja tiesi, että ennen kevättä olisi tulossa seitsemäs lapsi. Talven aikana hän ei järjestänyt mitään pidempiaikaisia käsityöhommia, ainoastaan korjausompelutöitä, neulomista, parsimista ja lasten vaatteiden valmistelua. Keväällä huhtikuulla v. 1921 syntyi pieni tyttö. Hän sai nimekseen Sylvi. Nyt Hilmalla riitti lapsissa "käsitöitä". Martta oli vajaa 3 vuotta, Jussi 5 vuotta, Hilja 8 vuotta – ainoastaan Uno oli jo kansakoulun päättänyt, 12-vuotias.

Josua oli kiinnostunut hankkimaan erilaisten eläinten nahkoja ja metsälintuja vietäväksi Pietariin, missä niistä sai hyvän hinnan. Hän pystyi näillä rahoilla hankkimaan kotiin sellaisia tavaroita, mitä ei vielä Suomesta saanut. Hän vaihtoi turkiksia myös mausteisiin ja muuhun pientavaraan ja myi niitä edelleen. Josuan ollessa poissa Uno joutui tekemään raskaitakin isännän töitä, kuten halonhakkuuta ja navettahommia. Hilma luotti Uunoon ja Uno oppi myös taloustöitä Hilman avustamana. Kevättöissä hevonen oli suureksi avuksi ja niin saatiin tehtyä kevätkynnöt ja kasvien laitot. Hilman ollessa lypsyllä, Sylvin hoidosta huolehtivat Jussi, Martta ja Hilja.

Aikainen kevät helpotti karjanhoitoa. Karja pääsi laitumelle, vain lehmät tulivat iltalypsylle ja jäivät yöksi karjahakaan. Laitumella oli vihreää ruohoa yltäkyllin ja lehmät lypsivät hyvin. Maitoa kirnuttiin voiksi ja lapset saivat maitoa juotavaksi.

Hilman ja Josuan elämä menee tasaisesti eteenpäin

Hilmalla ja Josualla riitti työtä ja touhua, mutta myös iloa seuratessa lasten touhuja ja kasvua. Lehmiä oli nyt lypsettävänä viisi. Lammaskatraassa oli neljä emolammasta ja pässi. Vasikoita ja karitsoita syntyi joka vuosi. Niitä teurastettiin syksyllä ja lihat laitettiin kanneliseen puutynnyriin kerroksittain karkeaa suolaa väliin ja päälle. Myös suolakalaa, marjoja ja nauriita ja perunaa oli maakuopassa talven varalle. Heinäntekoon ja viljojen puintiin saatiin naapuriapua.

Hilma keskittyi Sylvin hoitamiseen. Neljännellä vuodella oleva Martta heilutteli mielellään Sylviä kätkyessä Hilman tehdessä ruokaa. Lehmien lypsyn ajaksi Sylvin hoitovastuu annettiin Hiljalle. Leikeissä leluna olivat tuohenkäppyrät ja kävyt ja erilaiset räsyistä kiedotut hahmot.

Hilja oli koulussa taitava käsitöissä ja niinpä hän toisella luokalla opetteli virkkaamaan. Virkkuukoukku ja lanka piti tuoda kotoa. Hilja virkkasi patalappuja, kaulaliinan ja pieniä neliöitä, jotka Hilma ompeli tyynynpäälliseksi ja patalapuiksi. Iltapuhteina syksyllä Hilma opetti Hiljaa parsimaan ja paikkaamaan vaatteita ja ompelemaan nappeja irronneiden paikalle. Syksyllä myös Jussi aloitti kansakoulun. Hänelle koulun aloitus oli helppoa, kun hän oli saanut seurata Uunon ja Hiljan tehtävien tekoa kotona. Joulujuhlaan Josua päätti viedä koko perheen hevoskyydillä. Juhlassa Jussi ja Hilja esittivät ohjelmaa. Myös Joulupukki ehti käymään juhlassa ja "hyvä, lämmin, hellä, ol´ mieli jokaisen..."

Jo syksyllä Hilma alkoi suunnitella talvikautta vuoteen 1924. Hän oli kehrännyt paljon pellavalankaa ja vyyhdinnyt ne. Tyttöjen kanssa hän oli leikannut myös matonkuteita. Räsysuikalekeriä oli kymmenittäin. Hilma pyytää Josuaa ja Uunoa tuomaan sisälle kangaspuut, luomapuut ja kaiken muun kutomiseen tarvittavan välineistön. Hilma pyytää tytöt apuun. Ensin laitetaan lankavyyhti viipsinpuille ja siitä langat ohjataan luomapuille, johon lankoja pyöritetään vierekkäin tarvittava määrä. Hilman suunnitelmissa on kutoa 4-5- metrin mattokangas. Kun loimilangat on luotu, Hilma laittaa langat kangaspuille ja pujottaa langat pirran läpi. Sen jälkeen loimet ovat valmiina ja kutominen voi alkaa. Hilma suunnittelee vielä tarkkaan värit ja kuteet, että matoista tulee samanlaiset. Uudet värikkäät matot valmistuivat talven aikana niin tupaan kuin kamariin.

Keväällä 1924 Hilja sai päätökseen kansakoulun ja syksyllä 1925 Martta aloitti koulun 1. luokan. Martta oli viettänyt pienempänä paljon aikaa naapurissa Salomaalla, Pelagean perheen luona. Pelagea osasi puhua sujuvasti karjalan kieltä ja niinpä Martta oppi uuden kielen ennen kouluun menoa. "Miegi opassuin pagizemah Karjalua!" Myöhemmin vuonna 1942 Martta muutti muutamaksi vuodeksi Kaltimoon yhdessä Pelagean ja tyttären kanssa. Heillä oli siellä kampaamoyritys ja Martta oli kampaamossa apuna.

Kuolismaan kylä uusien muutoksien edessä

Syksyllä 1926 aloitti Kuolismaan opintokerho toimintansa opettaja Pirttilahden johtamana. Opiskeltavana oli Isänmaan kirja, joka on Arvid Järnefeltin teos (1893) Suomen maaseudun muutoksesta ja kansallishengen heräämisestä. Opintokerholaisten kirjoitustaitoa ja ilmaisutaitoa päätettiin kohottaa ja ohjata lukemiseen. Myös maanviljelystaitoihin liittyviä kerhoja pidettiin mm. perunakerhoa. Kuolismaalla ilmestyi lehti, jonka nimi oli Kuolismaan Viesti, se muutettiin joka viikko ilmestyväksi. Opintokerholaiset huolehtivat lehden toimittamisesta. Kettusten lapset olivat mukana opintokerhossa.

Opintokerhon piiriin perustettiin myös Ompeluseura, jonka vetäjänä oli Hilja Suomalainen. Kettusen Hilja ilmoittautui ensimmäisten joukossa kerhoon ja kerho kokoontuikin ensimmäisen kerran Kettusessa. Hilmalla oli käytössä erinomaisessa kunnossa oleva Singer ompelukone, jonka Josua oli tuonut Pietarista kauppamatkallaan. Lisäksi Hilma toimi ompelu- ja kaavoitustaitoineen apuopettajana kerhoissa. Ompelukerho oli lainannut rahaa 250 markkaa kankaiden ostamista varten. Kerholaiset pystyivät kankaasta valmistamaan pieniä vaatekappaleita ja käsityötaito ja innostus omien vaatteiden valmistamiseen oli suosittua. Opintokerhon ja ompeluseuran toiminta oli koko syksyn ajan niin vilkasta, että yhdessä päätettiin järjestää yhteinen pikkujoulu ja myyjäiset. Kerholaiset esittivät ohjelmaa, myyntipöydässä oli käsitöitä ja joululeivonnaisia. Yllätykseksi myyjäisten tuotto oli yli 1000 markkaa puhtaana. Tämä oli erittäin hyvä pohja Opintokerhon ja Ompeluseuran tulevalle toiminnalle. Koko seuraavan vuoden 1927 kerhotoiminta jatkui vilkkaana. Päätettiin panna toimeen kirjoituskilpailu, johon koululaiset innokkaasti osallistuivat. Jussi sai päästötodistuksen kansakoulusta samaan aikaan ja olikin ansioitunut erityisesti puutöissä ja veistotaidoissa.

Talvikausi 1928 oli opinto- ja ompelukerhojen toiminnassa vilkasta aikaa. Kaikenikäisiä osanottajia oli paljon. Kylään oli rakennettu myös uusi kansakoulu, jossa Sylvi aloitti ensimmäisen luokan. Koulun tiloissa toimi myös kirjasto. Kylän puuhamiehenä oli Alfret Hurskainen. Hänen toimesta pidettiin Pohjois-Karjalan Nuorisoseuran perustamiskokous. Perustamiskokouksessa ehdotettiin, että opintokerho liittyisi perustettavan Nuorisoseuran jäseneksi. Tämän ehdotuksen opettaja Johan Pirttilahti torjui. Nuorisoseuraa ei perustettu. Opintokerhotoiminta kuitenkin jatkui. Alettiin järjestää ohjelmallisia illanviettoja. Kerholehden uudeksi nimeksi tuli "Kynäilijä".

Keväällä 1929 Marttakin sai päästötodistuksen kansakoulusta ja oli mukana Jussin ja Hiljan kanssa Opintokerho- ja Ompeluseuratoiminnassa. Uuno oli kutsuttu jo asepalvelukseen Hämeenlinnan ratsuväkirykmenttiin. Uuno oli kotona käsitellyt hevosta, joten osaston toiminta tuntui tutulta. Hän joutui kuitenkin opettelemaan uusia asioita, kuten satulointia ja ratsastusta sekä hevosen jalkojen ja kavioiden hoitamista ja kengitystä. Ratsulla liikkumista harjoiteltiin kaupungilla. Uuno oli asepalveluksessa vuoden ajan ja kotiutui vuoden vaihteessa 1930.

Hilma oli suunnitellut laittaa talven pitkiksi kuukausiksi liinakankaan kutomista pellavalangasta. Kangaspuut tuotiin tupaan ja muu siihen kuuluva välineistö ja liinakangasta luotiin kangaspuille parin metrin verran. Kangaspuiden ääressä oli monta istujaa Hilman lisäksi, tytöistä Hilja ja Martta olivat innokkaita kutojia. Kun liina leikattiin pois puilta ja solmittiin, siitä tuli kahden metrin pituinen ja metrin levyinen pellavaliina. Liinat levitettiin keväthangille auringon valoon valkenemaan ja myöhemmin tuvan pöydälle.

Aika meni nopeasti eteenpäin töiden ja lasten kanssa touhutessa. Vuoden 1932 aikana Hilmalla oli enemmän aikaa räätälintöihin. Hän ompeli ajorekeen tarpeellisen lammasnahka vällyn. Ompeli myös pojille housuja, tytöille rimpsumekkoja ja neuloipa Hilma sukkia ja villapaitojakin. Josua teki kauppamatkoja Pietariin ja saattoi viipyä matkalla viikonkin. Josua oli näillä matkoillaan oppinut venäjän kieltä, jota sitten yritti opettaa Hilmalle ja lapsille. Halukkuutta venäjän kielen oppimiseen ei kuitenkaan toisilla ollut. Josua toi kauppamatkalta erään kerran radion, joka oli Hilmalle mieluinen. Nyt Hilma voisi kuunnella uutisia ja sunnuntaisin jumalanpalveluksia.

Kevät työt sujuivat hyvin, sillä oma perhe oli työkykyistä ja -haluista. Peltoa oli tehty lisää ja sinne oli syksyllä kylvetty ruista. Pellot lannoitettiin karjanlannalla keväällä ja perunalle laitettiin hevosenlantaa. Sylvi sai päästötodistuksen kansakoulusta.

Heinäkuun alussa Josua ja pojat , Uuno ja Jussi, kävivät niittämässä jokivarressa vihvilikköä. Heinää kertyi kolmen päivän aikana kolme isoa pielestä, jotka ajettaisiin pihaan seuraavan talven aikana. Kotiin tuomisiksi oli vielä joesta pyydetty kalaa; haukea ja ahvenia. Heinätyöt käynnistyivät ajoissa keväällä oman väen voimin. Josua, Uuno ja Jussi niittivät aamulla aikaisin aamukosteuden aikana viikatteella heinikkoa kuivumaan aurinkoisen päivän ajaksi. Kun aurinko ja tuuli haihduttivat heinistä kosteuden, naiset pöyhivät heinät kouholleen parikin kertaa päivän aikana. Illalla saatiin heinät haravoitua rukoihin ja ne kannettiin sapilailla heinälatoon eläinten talviruuaksi.

Elokuun alkupuolella pääsivät naiset mustikkametsään. Hyvänä mustikkavuonna marjasankot täyttyivät nopeasti. Kotona mustikat puhdistettiin, keitettiin mehuksi tai soseeksi ja pullotettiin. Pullot säilytettiin kylmässä lähteessä ja talven tullen myös maakuopassa.

Jokasyksyisiin töihin kuuluivat kasvien, turnuksien ja perunoiden nosto, viljojen leikkaaminen sirpillä, sitominen lyhteille, kuivattaminen ja puiminen. Koko perhe osallistui näihin töihin, pienimmät olivat mukana opettelemassa. Aina heillekin löytyi joku oma pieni tehtävä.

Hilma oli marraskuun tietämillä alkanut tuntea omassa olotilassa poikkeavia tuntemuksia. Hän varoi ylimääräistä nostelua, mutta ei uskaltanut puhua tuntemuksistaan kenellekään. Hilmasta tuntui kuin olisi raskaana, mutta se tuntui mahdottomalta, olihan hänellä ikää jo 46 kohta 47 vuotta ja nuorimmainen Sylvi oli jo 11- vuotias. Hilma ajatteli, että jos hän kertoisi perheelle, kukaan ei uskoisi! Hän piti asian visusti omana tietonaan.

29

Yllätysten vuosi 1933 Hilmalle ja Josualle!

Hilma oli joulu-tammikuun aikana 1933 jo varma raskaudestaan. Hän varoi rasittumasta liikaa, mutta vieläkään ei kertonut raskaudestaan kenellekään.

Talven aikana Josua oli saanut kauppareissuillaan ostettua runsaasti oravan ja näädän nahkoja ja muuta tavaraa. Maaliskuun alkupäivinä hän pakkasi tavarat hevosen vetämään ajorekeen ja lähti kauppamatkalle Pietariin. Lähtiessään Josua toivotti kotiväelleen keväisempää aikaa ja sanoi tulevansa takaisin noin kolmen viikon päästä, ehkä hän pääsiäiseksi ennättäisi. Uunolle hän antoi ohjeita kevättöiden valmisteluun ja Uuno lupasi olla isäntänä talossa.

Hilmalla tilanne alkaa kuitenkin muuttua maaliskuun puolivälissä 1933 heti aamulypsyn jälkeen. Hilma pitelee vatsan seutua ja kasvot näyttävät hieman tuskaisilta. Hilma pyytää Uunoa ja Jussia laittamaan saunan ja saunavedet lämpiämään nopeasti. "Minun täytyy päästä nopeasti kylvettämään alavatsaa," sanoi Hilma pojille.

Martalle ja Sylville Hilma selvittää todellisen syyn. "Sieltä vatsasta on tulossa kohta lapsi", hän sanoi. Tytöt ihmettelivät tilannetta ja olivat ymmällään, ettei Hilma ollut kertonut asiasta mitään heille. Hilma nostaa hameen helmaa näyttääkseen tytöille pyöreähköä vatsaa. Totta se on. Poltot alkavat tulla tiheämmin ja Hilman menee pitkäkseen tuvan sängylle. Hän käskee Sylviä hakemaan lähinaapurin Pelagean auttamaan synnytyksessä. Hilma antaa ohjeita Martalle tavaroista, joita saunalla tarvitaan, kuten lakanoita ja filtti sekä keritsimet.

Hilma kehottaa Sylviä juoksemaan nopeasti naapuriin hakemaan apua. Sylvi koputtaa oveen, astuu sisälle ja tokaisee: "Hilma saa vauvan ja pitäisi tulla auttamaan". Ensin ei kukaan, ei edes Pelagea, uskonut Sylvin puhuvan totta. Heillä ei ollut mitään tietoa, että naapurin

Hilma olisi raskaana. Sylvi alkaa itkun sekaisesti selittää ja niin Pelagea lupasi lähteä katsomaan sitä "sairasta!"

Sylvin ja Pelagean tultua tupaan, Hilma toteaa; "Tulihan se puamuska lopultakin! Arvelin, että onko meidän kahdestaan Martan kanssa päästettävä lapsi maailmaan." Martalla oli korissa valmiina keritsimet napanuoran katkaisua varten ja kalastajalankaa napanuoran sitomista varten sekä muut tarvikkeet.

Pelagea huomasi tilanteen olevan jo pitkällä ja Hilman poltot tihenivät ja jatkuivat koko ajan. Hän sanoi Martalle: "Nyt on kiire, ota toisesta käsikynkästä kiinni niin talutetaan Hilma saunalle, lapsi syntyy millä hetkellä hyvänsä."

Samalla Uuno ja Jussi tulivat tupaan sanomaan, että sauna on lämmin ja siellä on lämmintä vettä ja myös vasta, että voi kylvettää. Saunaan tultua Martta auttaa Hilmaa riisuuntumaan ja hänet avitetaan saunan lauteille. Siinä samassa lapsi alkaa syntyä ja Pelagea ehti vain vähän auttamaan, kun pieni, sievä tyttö tuli maailmaan parkaisemalla ilmoittaen tulostaan. Pelagea otti vastaan pirteän tytön, sitoi napanuoran ja leikkasi sen irti. Martta oli laittanut valmiiksi pesusoikkoon lämmintä vettä lapsen pesua varten. Kun Hilma oli valmis synnytyksen jälkeen, puhdas tyttö asetettiin Hilman vatsan päälle. Martta asetteli peittoa molemmille ja silitti pikkuista siskoa poskesta. "Sievä tyttö!" hän sanoi Hilmalle. Hetken tyttönen lepäili hiljaa ja sitten alkoi hamuta imettävää. Löysikin ensin Hilman pikkusormen ja sitten rintaa ja maitoa alkoi virrata pieneen suuhun.

Parin tunnin kuluttua Pelagea otti vauvan ja kapaloi hänet ja kietoi filttiin ja vei sisälle. Myös Uuno ja Jussi taluttivat Hilman tupaan. Kaikki olivat ihmeissään tapahtuneesta, miten kukaan ei osannut aavistaa vauvan syntymää. Hilma vähän naureskellen selvitti, että hän oli vähän epäileväinen, pysyisikö lapsi vatsassa loppuun saakka, kun

31

ikää hänellä on jo niin paljon. Ei edes Josua hämärässä saunassa ollut huomannut hänen siunattua tilaa, eikä kukaan muukaan osannut kysyä.

Martta vatkasi lettutaikinaa ja Jussi rupesi paistamaan lettuja. Uuno keitti kahvia ja Martta laittoi kahvipöydän. Näin juotiin koko joukolla varpajaiskahvit ja herkulliset letut. Ja Pelagealle kiitoskahvit hyvästä puapotyöstä. Uuno jo kyseli, että milloin sitä tälle pirteälle tytölle saa antaa kahvia! Pienestä tytöstä tuli heti Uunon silmäterä, jota oli suojeltava.

Illansuussa Hilma oli jo voimissaan ja lauleli pienelle tytölle tuutulaulua "Ljuuli, ljuuli, ljuuli lasta, ljuuli, ljuuli pikkarasta,,," Lapsi nukahtikin heti. Samana iltana Hilma kävi lypsyllä, mutta Jussi sai huolehtia maidon separoinnin ja muut navettatyöt. Martta auttoi aina kun pystyi pienen tytön hoidossa ja kehdon heiluttamisessa.

Josua palaa kotiin Pietarista

Josua palasi kotiin Pietarista huhtikuun alussa ja nähtyään lapsen hän kysäisee: "Kenen lapsi on Hilmalla hoidossa?" Vastaus oli Hilmalla valmiina: "Kyllä tämä tyttö on meidän, sinun ja minun yhdessä tekemä, vaikka sinun poissa ollessa syntyikin." Hilma naurahtaa hiljaa mielessään, että sai "huiputettua" koko kotiväen ja jopa kylänkin. Naapureita tuli varpajaiskahville ja he ihmettelivät, miten on mahdollista "kasvattaa" lapsi kenenkään tietämättä.

Hilma alkoi yhdessä Josuan kanssa suunnitella ristiäisiä. Koululla oli tilaisuus, johon oli kutsuttu pappi ja jossa lähitienoon lapset voitaisiin kastaa. Tässä kastajaistilaisuudessa Hilman ja Josuan tytär sai nimekseen Eila, joka oli siihen aikaan suosittu nimi.

Eila kasvoi sisarusten hoivissa ja pääsi jo pienenä mukaan kaikenlaisiin tapahtumiin ja toimiin pihaympäristössä. Eila leikki paljon pihamaalla ja erään kerran hänelle oli tuotu välipalaksi marjakeittoa ulos. Eila oli vähän yli kaksivuotias ja pistelee soppaa suuhun lusikalla. Kyykäärme vainusi myös marjakeiton ja lähestyy Eilan kippoa kieli lipoen. Eila sanoi käärmeelle: " Lyö lutikalla elä kielellä!" - vielä ei s-kirjaimeen kieli taittunut ja s-kirjaimen tilalla tuli L-kirjain sanan alussa. Uuno sattui näkemään tämän vähällä piti tilanteen ja hätisti käärmeen pois, taisipa käärme päästä Uunon toimesta myös hengestään. Hilja selittää tarkkaan Eilalle, etteivät käärmeet syö lusikalla eivätkä myöskään lautaselta. Kannattaa lähteä karkuun, jos käärme tulee vastaan, opastaa Hilja pikku-siskoaan.

Eilan ollessa 3-vuotias Uuno toi kaupasta tullessaan Eilalle karamellipussin. Eila oli nähnyt, kuinka isä-Josua kauppasi tavaraa. Eila ei raaskinut itse syödä kaikkia namuja, vaan möi niitä pojille markan kappalehintaan. Eilassa oli myyjättären ainesta jo pienenä.

Eila oli pienestä pitäen tarkka pitämään myös paikkoja kunnossa. Hän oikoi mattoja lattialla ja tokaisi: "Tuat on matot mykkylättä!"

Hiljan ja Väinön avioaikeet ja hääjuhla!

Hilja oli tavannut Kuolismaan kylältä kotoisin olevan Väinö Erosen ja he alkoivat seurustella vuodesta 1933 alkaen. Seurustelu tiivistyi ja niinpä he päättivät kihlautua syksyllä. Kihlajaiset järjestettiin Mäntyniemessä ja tarjolla oli kakkua, kahvia, voileipäpöytä porsaankinkun kanssa. Myös kihlajaismalja tarjoiltiin ja lopuksi tanssittiin kylän pelimannien tahdissa.

Vuoden 1934 toukokuun alussa kävivät Hilja ja Väinö Ilomantsin ev.lut.kirkossa kuuntelemassa kuulutukset. Avioliittoon oli suunniteltu mennä kesällä. Jumalanpalveluksen jälkeen tuleva aviopari kävi valokuvaajalla. Palattuaan takaisin Kuolismaalle heille oli järjestetty juhlatilaisuus tarjoiluineen. Sylvi oli ihmetellyt, olivatko Hilja ja Väinö olleet niin kuuliaisia toisilleen, että sitä piti oikein juhlia! Hilma ehti selittämään Sylville, että pappi on ilmoittanut seurakunnalle, että Hilja ja Väinö aikovat mennä kesällä avioliittoon, sitä ne "kuulutukset" tarkoittavat.

Hääpäivää edeltävänä päivänä Hilma ja Josua järjestivät morsiamen hyvästijättöjuhlan eli läksijäiset. Hilma lauloi hyvästijättölaulun ja sen jälkeen tanssittiin hanuristin säestämänä.

Hääsunnuntai valkeni. Morsiuspari lähti kirkolle henkilöautolla. Linjaautoja oli varattu kaksi – toinen morsiamen sukulaisille ja toinen sulhasen perheelle ja sukulaisille. Lisäksi molempien ystäviä liikkui omilla autoilla. Vihkiminen tapahtui jumalanpalveluksen jälkeen Ilomantsin kirkossa. Josua saattoi Hiljan puoliväliin kirkkoa, missä Väinö oli odottamassa ja tuleva aviopari käveli yhdessä alttarille.

Kirkkoherra puhui kauniisti avioliiton merkityksestä ja molempien "tahdon"-sanojen ja sormusten vaihdon jälkeen kirkkoherra lausui: " Jumalan nimissä vahvistan avioliittonne. Siunausta teille, rakastakaa ja tukekaa toisianne." Sen jälkeen antoi Väinölle Raamatun ja kehotti sulhasta suutelemaan morsianta liiton vahvistuksen merkiksi.

Vihkitilaisuuden jälkeen seurasi valokuvaamossa käynti ja sen jälkeen autokolonna lähti etenemään Kuolismaahan Erosen häätaloon. Kun hääpari astui sisälle, ystävät ja sukulaiset lauloivat: *"Sä kasvoit neito kaunoinen, isäsi majassa, kuin kukka kaunis suloinen, vihreellä nurmella..."* . Hääjuhlassa tarjottiin karjalainen pitopöytä monenlaisine höysteineen. Ruokailun aikana pidettiin myös puheita – morsiamen isä Josua puhui ylistyspuheen tyttärestään nk. luovuttajaisiksi. Myös sulhasen isä toivotti morsiamen tervetulleeksi sukuun. Ruokailuun meni aikaa ja hääkakkukahville päästiin vasta 17 aikoihin. Hääkakun leikkaaminen oli

34

mennä Väinölle ensin, mutta Hilja ovelasti keskeytti ja sitten painoi kakkulapion kakkuun ja polkaisi jalkaa. Yleisö taputti oivasta tempusta. Kahvin jälkeen tarjolle asetettiin viini- ja kirkasjuomapöytä lisukkeineen. Sulhanen kävi usein ulkona toisten miesten kanssa ja sisälle saavuttuaan he olivat iloisella tuulella.

Tapana oli myös, että häätaloon tullaan kuokkimaan. Ulos alkoi kokoontua nuorta väkeä siinä toivossa, että päästäisiin tanssimaan. Pian saapuikin hanuristi paikalle. Tyttörinki asettui lähelle hääparia – hanuristi soitti – ja Hilja heitti morsiuskimppunsa takakäteen. Kukkakimppu osui yllättäen Martan käteen. Yleisö palkitsi heittotilannetta taputuksilla. Valssi alkoi soida ja Väinö vei vaimonsa Hiljan häävalssiin. Mukaan liittyivät vanhemmat ja sukulaiset ja muu yleisö. Tanssit jatkuivat pitkälle kesäiseen yöhön. Aamuyön tunteina hääpari poistui yhteiseen häähuoneeseen viettämään hääyötä.

Sulhasella oli kuitenkin yllätys – hän kutsui häävieraat tulemaan vielä seuraavana päivänä "huomentansseihin"! Tansseissa oli tarjoiluna kahvi-, viini- ja voileipäpöytä kaikille tulijoille. Yleisö lauloi hääparille kauniita rakkauslauluja. Siten taas hanuristit tulivat soittamaan tanssimusiikkia, kuten sottiisia, valsseja, polkkaa ja jenkkaa. Kaikilla oli hauskaa!

KESÄISIÄ ARKIPUUHIA JA JUHLIA

Hilma vietti paljon aikaa kotosalla kolmen tyttären kanssa. He tekivät paljon käsitöitä ja korjasivat vaatteita. Uuno ja Josua olivat metsätöissä kauempana ja yöpyivät metsäkämpillä.

Syksyllä Kuolismaahan tuli suutarin töihin naapurinpitäjästä nuori komea mies, Erkki nimeltään. Mikkelintanssiaisissa Martta kohtasi

Erkin ja he tanssivat koko illan yhdessä. Erkki pyysi myös lupaa lähteä saatolle ja Martta suostui, kun oli huomannut, että heillä kävivät ajatukset ja jutustelut samaan suuntaan. Kotimatkalla asiat tuntuivat vain vahvistuvan ja Martta koki Erkin kaikin puolin miellyttäväksi ja komeaksi mieheksi. Sovittiin, että jatkettaisiin tapaamisia tulevissa tilaisuuksissa ja illanvietoissa.

Uudenvuoden vastaanottajaistansseissa seurustelu vahvistui jo siihen malliin, että sovittiin kihlasormusten hankkimisesta loppiaisaattona. Martta ja Erkki matkustivat Pogostalle kello- ja kultakauppaan ja sieltä sopivat sormukset löytyivät. Kaiverrusten aikana he kävivät valokuvaamossa otattamassa kuvan muistoksi kihlajaispäivästä. Palatessaan takaisin Kuolismaahan olivat Hilma ja Josua järjestäneet heille kihlajaiskahvituksen.

Talvikausi 1937 jatkui Martalla ja Erkillä tapaamisten ja töiden merkeissä. Toukokuun alussa heidät kuulutettiin Ilomantsin kirkossa jumalanpalveluksen aikana. Saman vuoden kesäkuulle he saivat sovittua kirkkoherran kanssa pienen vihkitilaisuuden kirkkoon. Tilaisuuteen tuli vain molempien vanhemmat. Häätilaisuutta ei järjestetty. Vihkitilaisuudesta nuori aviopari lähti yhteiseen asuntoonsa ja molempien vanhemmat omiin koteihinsa. Martan sukunimeksi tuli Nuoramo.

Juhannusaattoa oli totuttu viettämään Kyläjärven rannassa. Miehet olivat koonneet kokkopuita ja pari vanhaa venettäkin. Kokolle oli tullut paljon väkeä naapurikylistä – ranta-alue oli täynnä eri-ikäistä porukkaa. Metsän reunaan oli pystytetty isokokoinen keinu, jossa mahtui keinumaan yhtä aikaa kaksi henkilöä. Illan ohjelmassa oli piirileikkejä, laulua, tanhutansseja ja lausuntaa. Keinun lähellä oli mehu- ja virvoitusjuomapöytä, josta pieneen janoon sai juotavaa. Kokko sytytettiin vasta myöhään illalla ja se paloi kauan. Liekit nousivat korkealle, kipinät lentelivät tummuvassa kesäyössä ja kokko heijasteli punaista väriä Kyläjärven pintaan. Hilma ja Josua olivat paikalla Eilan kanssa nauttimassa suviyöstä. Juhannuspäivän aamuna Eilalla oli paljon kertomista aattoillan tapahtumista ja kokosta. Hän juoksi herättämään myös Uunon, Jussin ja Sylvin ja selitti heillekin kipinöistä ja tuliräiskeestä.

Juhannuksen jälkeisellä viikolla 1937 oli aika lähteä tekemään koivuvastoja tulevan talven saunomisiin. Josua lähetti Sylvin viemään sanaa Hiljan ja Martan perheelle, että voisivat tulla samaan aikaan tekemään vastoja. Josua ja Uuno kaatoivat sopivia koivuja metsän reunassa. Miehet katkoivat oksia ja naiset pannoittivat ja kammitsoivat kaksi vastaa yhteen. Ne ripustettaisiin vilja-aitan orren päälle kuivumaan. Eila oli mukana katselemassa toisten työtä. Parin tunnin jälkeen kuului Hilma huutelevan jo syömään. Ruuan jälkeen jatkettiin vielä vastojen tekoa niin, että Josuan perheelle tuli 30 paria ja Hiljan ja Martan perheelle 20 paria tuoreita vastoja. Vastat kuljetettiin yhteisvoimin jokaiseen kotiin.

Heinäkuussa Josua, Jussi ja Uuno lähtivät jokivarren suolle niittämään vihvilikköä eläinten talviruokintaan. He olivat yötä suolla ja kalastivat joesta ahvenia ja haukia. Hilma laittoi kaloista hyvää keittoa ja osa kaloista paistettiin. Seuraavaksi olisi heinäntekotalkoot. Josua kutsuu seitsemän miestä niittämään peltoaluetta. Työ sujuu nopeasti, kaikki heinät saadaan niitettyä jo aamukasteen aikaan. Kahvitauon jälkeen heiniä levitellään haravoilla, mikä edistää niiden kuivumista. Naiset tulivat haravoimaan heiniä rukoihin. Heillä oli mukana omia sapilaita ja niin heiniä lähti kantamaan viisi paria. Eila oli kovasti mukana ja halusi lähteä kantamaan rukoa, koska oli viisi vuotta vanha. Josua kantaa rukoa edellä ja Eila perässä. Hyvin saadaan heinät latoon. Hilma laittoi sillä välin talkooväelle karjalanpaistia, uusia perunoita, karjalanpiirakoita ja lisäkkeitä. Juotavaksi tarjottiin kvassia eli rukiista tehtyä omatekoista ruokakaljaa. Ruuan päälle juotiin vielä kahvit.

Illansuussa alkoi paikalle tulla nuorempaa väkeä, kun he olivat kuulleet talkoista, he päättelivät, että siellä on varmaan illalla tanssia. Uuno oli nuorison kanssa samaa mieltä. Niinpä sitten alettiin tanssia 25 vuotta vanhan maniskan eli mandoliinin tahdissa. Välillä laulettiin suosittuja tanssisävelmiä, kuten Katariinan kammarissa ja Rantakoivun alla, joita Dallape oli levyttänyt.

Hilma oli edellistalvena ollut maanviljelijöille tarkoitetussa tilaisuudessa, jossa neuvottiin viinimarjojen viljelystä ja käytöstä ravinnoksi. Hän sai pojat kiinnostumaan ja innostumaan viinimarjapensaiden istuttamisesta. Tilattiin puna- ja mustaherukkapensaita. Kun ne tulivat, Uuno ja Jussi kaivoivat pellolle kuopat, laittoivat pohjalle hevosenlantaa ja sitten istuttivat pensaat. Pensaat alkoivat tuottaa marjoja ja parin vuoden kuluttua Hilma tyttärineen keräsi jopa neljä sankollista viinimarjoja. Hilma keitti viinimarjoista sekamehua yli 10 litraa, säilöi mehun sokerin kanssa pulloihin ja vei maakuoppaan.

Rukiin puinti riihessä ja voin kirnuaminen

Elokuussa 1937 olivat viljatkin tuuleentuneet leikattaviksi. Josua ja Uuno leikkasivat sirpillä ensin rukiin. Neljä kahmalollista eli kourallista leikattiin lyhteeksi. Jussi sitoi lyhteet vetäen muutamia korsia latvasta irti, pyöräytti ne lyhteen ympäri, laittoi korsien päät ristiin ja sidekorsien alle. Kun lyhteitä oli kuusi, Jussi teki niistä kuusikon eli laittoi viisi lyhdettä pystyyn ympyrään toisiaan vasten ja niiden päälle taitettuna poikittain kuudennen lyhteen hatuksi. Sylvi katsoi ensin vierestä ja oppi lyhteiden sitomisen nopeasti.

Muut viljat oli Kuolismaassa totuttu leikkaamaan talkoilla. Talkooporukka kutsuttiin koolle ja viljan leikkuu tapahtui iloisissa tunnelmissa. Tarjolla oli aina kahvia – ja mehua tai kotikaljaa. Illan päätteeksi järjestettiin myös talkootanssit.

Kun ruiskuhilaat olivat kuivuneet, Josua ajoi ne hevoskärrillä riihelle, jossa Uuno ja Jussi nostivat lyhteet laipion lähellä oleville parsille pystyyn latvat ylöspäin. Näin saadaan ahos ahdettua. Ahtaminen aloitetaan riihen perältä. Laitetaan riukuja vierekkäin, johon lyhteet ahdetaan pystyyn vierekkäin. Ahtaja seisoo ahilaudalla ja toinen antaa lyhteen kerrallaan ahtajalle. Ahilautaa siirretään sitä mukaa kun työ edistyy. Uunin eteen jätetään tyhjää tilaa tulipalovaaran takia. Sitten alkaa riihin lämmitys.

Josua laittaa tulen riihen uuniin. Hiljaisella lämmöllä ruisahos on puintivalmis parin vuorokauden kuluttua. Riihen vähän jäähdyttyä pukevat Uuno ja Jussi piikkopaidat, "riihikot" päälle ja menevät riihelle riusat kädessä. Hyvin pyörivällä riusalla on helppo lyödä lattialla jyvälyhteitä, kunnes jyvät irtoavat lyhteistä. Uuno kääntelee lyhteitä, että kaikki jyvät irtoavat. Paljaat korret otetaan pois jyvien päältä. Kun kaikki on puitu, on jyvä /ruumenkasa noin kolmen metrin päässä seinästä. Kasasta Jussi ottaa kourallisen ja viskaa kohti seinää. Ruumenet jäävät lähelle heittäjää ja jyvät lentävät seinän viereen. Sen jälkeen Uuno ja Jussi puhdistavat jyvät ulkona kammesta pyöritettävällä tuultokoneella puhtaaksi muusta pölystä. He säkittävät puhtaat jyvät . Yhdestä ahoksesta tulee noin 4-5- hehtolitraa puhdasta ruista. Uuno ja Jussi työskentelivät ahkerasti koko päivän hiki valuen pitkin kasvoja. He nostivat viljasäkin selkään ja veivät sen eloaittaan ja tulivat sitten puhdistamaan riihen seuraavaa käyttöä varten.

Syksyn kosteana aamuna Uuno, Jussi ja Sylvi lähtivät läheiseen metsään etsimään sieniä. Sieniä löytyikin runsaasti, sikeroisia, maiteroisia ja karvarouskuja. Kotona Hilma puhdistaa ne tarkkaan ja pilkkoo samalla palasiksi. Sienet hän keittää hellalla suuressa padassa, jonka jälkeen huuhtelee ne ja antaa välillä liota ja huuhtelee vielä kolmeen kertaan sienet ulkona kaivon läheisyydessä. Puhtaat sienet Hilma hakkaa hakkurilla pienemmiksi ja laittaa ne puutynnyriin karkean suolan kanssa. Sienten päälle hän asettaa puukannen ja kannen päälle painoksi kiven. Näin sienet säilyvät hyvin maakellarissa. Tuoreista sienistä Hilma teki myös päivän ruokaa, sienikastiketta ja perunaa.

Kettusten maatilan läheisyydessä oli hyviä marjametsiköitä. Puolukkaan lähdetään koko porukalla, myös Martta lähti mukaan. Jokainen ottaa selkäänsä repun, johon laitetaan sanko ja pienempi astia, johon kerätään puolukoita ja kaadetaan sitten sankoon. Kotiin tultua Hilma levittää pihanurmelle lakanan ja kun oli hieman tuulinen ilta, kaadetaan peilarista pään yläpuolelta puolukoita lakanalle. Tuuli puhalsi roskat lakanan ulkopuolelle. Puhdistetut puolukat Hilma kaatoi suureen puiseen korvoon, survoi ne pitkävartisella puupetkeleellä ja puolukkahillo säilyy näin aitassa puukorvossa omassa liemessä.

Lehmät siirtyivät syksyn tullen navettaan, jonne ne ruokittiin ja lannat tyhjennettiin sontalaarista lantalan puolelle. Sylvi pääsi navettaan opettelemaan lehmien lypsyä. Hilma neuvoi, että lehmille täytyy jutella ja niitä on taputeltava, että ne tottuvat lypsäjään. Lehmää on myös kiellettävä heiluttamasta häntää ja jos lehmä nostaa jalkaa, pitää sanoa: "Vatsihe noo!" Lehmä oppii tottelemaan näitä toistuvia sanoja. Lypsysankon ollessa puolillaan maitoa, se tyhjennettiin maitosiivilän läpi tonkkaan. Iltalypsyn maidot separoitiin eli laskettiin maitokoneen läpi. Jussi pyöritti maitokoneen kammesta rattaat pyörimään ja kaadettu maito valui yläpuolella olevasta säiliöstä kahteen torveen; toisesta torvesta tuli kermaa ja toisesta kurria vasikoille ja sioille. Kerma laitettiin isoon saviruukkuun, jossa se sai piimiä parin vuorokauden ajan. Sen jälkeen se kirnuttiin voiksi. Piiminyt kerma kaadettiin korkeaan puiseen kirnuun. Kirnuaminen suoritettiin pitkävartisella kirnumännällä. Tätä mäntää "hyrskyteltiin" ylös ja alas sopivan nopeassa tahdissa. Ennen kyseltiin arvoituksia ja virne suupielessä kysyttiin tätä: " Mikä se on, kun liikkuu naisen jalkojen välissä ylös ja alas ja hyrskyää aina noustessa ja laskiessa. No, tietysti kirnun mäntä!"

Tunnin verran kirnuttua, alkoi männän päälle tulla jo voita ja sen voi nostaa pois kirnusta. Kirnuun jäi jäljelle piimä. Voi laitettiin puusta tehtyyn voisoikkoon, lisättiin hieman suolaa ja vaivattiin puisella voikapustalla.

40

Jussi oli käynyt hakemassa Hoskosen kaupasta voin suolaamiseen tarvittavaa hienoa suolaa ja sieniin tarvittavaa karkeaa suolaa. Samalla hän toi raakoja kahvinpapuja. Jussilla oli mukana palttinaisia pusseja, joihin sai ottaa sokersantaa eli hienoa sokeria. Puotipoika laittoi tavarat pusseihin, mutta toppasokerista tuli kauppias itse lohkaisemaan sopivan kokoisen palan pitkäteräisellä sokeripiilulla, johon kauppias löi pikkulekalla, että pala irtosi. Kauppias tiedusteli vielä Jussilta, olisiko Hilmalla vielä voita heille kauppaan myytäväksi? Kotiin tultua Jussi paahtoi kuumalla hellalla kahvin pavut rännälillä. Sen jälkeen hän jauhoi pavut kahvimyllyllä ja laittoi kahvia kiehumaan. Kahvin lisukkeeksi oli Hilma paistanut lettuja.

Josua alkoi suunnitella perunannostotalkoita. Talkooväkeä tulikin kylältä kolme miestä kihveleiden ja naisia pärekoppien ja sankkojen kanssa. Miehet kaivoivat kukin kahta penkkiä kerrallaan ja naiset keräsivät maan pinnalla olevat perunat ja kaatoivat pärevasuihin. Pian perunat olikin nostettu ja perunat vietiin metsänreunassa olevaan perunakuoppaan. Hilma oli tehnyt runsaasti ruokaa tarjottavaksi talkooporukalle sekä kahvia ja kahvileipää. Näin toteutui vanha sanonta: "Mikkeliltä perunat kuoppaan ja ämmät tupaan!" Kun Keyri eli mikkelinpäivä oli lähellä, ei talkootansseja pidetty.

Syksyinen propsintekosavotta

Enso Gutzeit oli leimannut Ilomantsin suunnalta suuren metsäalueen kuusipropsien tekoa varten. Uuno ja Jussi sopivat Väinö Erosen kanssa lähdöstä propsisavottaan. Uuno varasi korkeakaarisen jännesahan pystypuiden kaatamista vartan. Uunolla ja Jussilla oli vielä propsipuiden katkaisemiseen tarkoitetut matalakaariset sahat. Uuno kunnosti viilaamalla kaikki sahat hyvään kuntoon. Uuno otti vielä mukaan vedettävän pitkän justeerisahan siltä varalta, jos kaadettavissa puissa olisi niin paksuja puita, ettei kaarisaha yllä läpi. Jussi ja Uuno tahkosivat vielä kirveet ja teräsimet teräviksi. Josua oli teurastanut vasikan ja

41

Hilma paistoi siitä kaksi suurta kukkoa miehille eväiksi ja vielä neljä suurta ruisleipää. Lisäksi Hilma laittoi voivakkaan voita, maitoa pulloihin, jauhettua kahvia, sokeria ja suolaa, jos vaikka miehet kalastaisivat. Tavarat laitetaan reppuihin ja Uuno ja Jussi lähtevät sahat olkapäillä kävelemään Väinön luokse. Yhdessä matka jatkuu noin 10 kilometrin päässä olevalle Enson Gutzetin vuokraamalle kämppätalolle. Tavarat jätetään kämpälle ja Gutzetin piirityönjohtaja "Ukko Myller" lähtee opastamaan miehiä parin kilometrin päässä olevalle merkitylle palstalle. Myller tunnettiin vaativana ja tiukkaotteisena miehenä.

Uuno aloittaa kaatamalla pystypuita. Jussi alkaa sahata neljän metrin propseja ja latvasta vielä parimetrisen pulikan. Väinö alkaa kuoria teräsimellä ensimmäistä tyvipölliä. Kun Uuno oli kaatanut kolmisenkymmentä runkoa, hän ihaili ohutoksaisia kuusia – oksat sai kuoria teräsimellä ja työ sujui näin nopeammin. Uuno tuli auttamaan Väinöä propsien kuorimisessa, samoin hetken kuluttua Jussi.

Savotta jatkui. Propsit laitettiin taapeleihin. Ensin pohjalle kaksi propsia, niiden päälle kerroksittain noin 15 kappaletta ja väliin pari kaksimetristä pulikkaa. Kerroksia laitettiin niin korkealle kuin yletti ja päälle poikittain loput pulikat.

Päivän aikana savottamiehet tekivät lähes 90 runkoa. Miehet palasivat kämpille. Siellä kämppäemäntä oli laittanut uuniruokaa. Suurille Enso Gutzetin työmaille rakennettiin uusia majoituskämppiä, joissa oli päällikkönä ´kämppäemäntä´, jolla oli tukenaan ´kämppälaki´. Ukko Möller komensi savottamiehiä, että kämppäemäntää päällikkönä on toteltava ja häntä ei saa häiritä millään tavalla ei päivällä eikä varsinkaan yöllä.

Ruokailun aikana oveen koputettiin ja sisälle astui eräskin kansantaiteilija, esitteli itsensä ja mistä tuli. Otti sitten pirunkurtun syliinsä ja alkoi laulaa: "Minä oon Liuksen Tarassii ja sepittelen lauluja kelle vain.

42

Ja minä sitä soitan ja laulan vain. " Hän oli kuullut Ukko Mölleristä ja teki laulun: "Ukko Möller savotallaan, hirveitä on ruatanna, kaljaputsit särkennä ja kaljat muahan kuatanna". Savottamiehet saivat piristystä rankan työn lomaan.

Koko viikon aikana kolmikko teki lähes 900 propsia. Viikon jälkeen he palasivat kotiin, koska pakkaskelejä alkoi tulla. Kotona oli vielä edessä talvipuiden tekeminen.

Talvisia askareita ennen joulua

Jokivarteen oli kesällä laitettu pielekseen heiniä. Nyt oli sopiva pakkaskeli lähteä hakemaan niitä heinävajaan. Uuno valjasti hevosen reen eteen, rekeen laitettiin heinähäkki. Hilma laittoi kukkoa ja kahvia evääksi. Puolet pieleksestä saatiin kerralla tulemaan ja Jussi tuli auttamaan heinähäkin tyhjennyksessä. Hilma oli laittanut ruuaksi kalasoppaa, jonka jälkeen tehtiin toinen reissu. Kotiin tullessa oli pimeä ennättänyt tulla, joten myrskylyhty laitettiin palamaan heinävajan seinälle.

Sylvillä alkoi rippikoulu Ilomantsin kirkon tiloissa. Sylvi kortteerasi viikon sukulais-Kettusten talossa kirkolla ja viikonlopuksi tuli linja-autolla Kuolismaalle.

Ennen jouluviikkoa Josua kutsui kyläteurastajan sikaa teurastamaan. Teurastaja tainnutti sian ja laski veren Hilman tuomaan astiaan. Hilma laittoi astian hankeen ja alkoi vispata ja hämmentää voimakkaasti, kunnes veri jäähtyi. Josua ja teurastaja kuljettivat liistereellä sianruhon patakodan viereen. Josua kaatoi kiehuvaa vettä sianruholle ja teurastaja kalttasi teräaseella irtoavia karvoja pois sianruhosta. Uuno tuli myös avuksi. Teurastaja puhkaisi puukolla reijät takajalkojen reisijänteiden väliin, joihon pujotti köyden. Köysi heitettiin orren yli ja sianruho nostettiin ylös roikkumaan. Teurastaja aukaisi mahan peräaukosta kaulaan asti. Syntyneestä aukosta hän ensin irrotti sapen pois maksasta

43

varovasti. Sitten irrotti maksan, sydämen, munuaiset ja keuhkot. Josua vei nämä sisäelimet heti sisälle, että Hilma pääsee tekemään niistä tappajaispaistia. Mahalaukun ja suoliston teurastaja heitti vasuun. Hilma otti talteen osan sisuksista. Vatsasta hän valmistaisi mahapaitasylttyä. Ohutsuolesta tekisi saippuaa ja paksusuoleen makkaraa. Teurastaja paloitteli sian ruhon paloiksi. Josua laittoi lihapalat puutynnyriin karkean suolan kanssa kerroksittain. Pään ja sorkat Josua vei Hilmalle. Niistä valmistettiin sianpääsylttyä.

Sisällä Hilmalla oli hellalla kiehumassa tappajaispaisti. Siinä oli lihan lisäksi munuaiset ja sydän. Uunissa oli kypsytetty keuhkot. Paistinpannulla hellalla oli kypsymässä maksapihvit ja veriletut. Pöydässä oli myös porkkanoita, perunoita ja karjalanpiirakoita. Jälkiruuaksi oli puolukkapuuroa.

Joulun viettoa Kuolismaassa

Jouluaatonaamuna Uuno ja Jussi kantoivat joulukuusen saunaan sulamaan. Hilma oli laittanut uuniin edellisenä iltana suuren porsaankinkun kypsymään. Jouluaattoaamuna hän otti kinkun uunista, kuori nahkan pois, voiteli sinapilla ja ripotteli päälle korppujauhoja. Joulukuusi tuodaan tupaan koristeltavaksi. Eilalla oli syksyllä kerättyjä käpyjä ja hän laittaa niitä alaoksille. Jussi ja Uuno kiinnittävät oksille kynttilänpidikkeet ja niihin kynttilät. Eila ja Sylvi koristelevat kuusta hopea- ja kultanauhoin ja itse koulussa tekemien enkeli- ja tonttukoristein. Kuuseen ripustetaan vielä itse tekemiä piparkakkuja ja jouluomenia riippumaan oksille. Kaunis joulukuusi ja sen vihreiden oksien tuoksu leviää tupaan.

Aatonaattona Hilja ja Martta olivat tulleet karjalanpiirakkatalkoisiin Hilman avuksi. Hilma ja Hilja tekivät piirakankuoria "pualikoilla," että tuvassa kalke vain kuului. Sylvi levitti piirakoille syömenpuuron,

Eilakin oli touhussa mukana. Martta oli taitava rypyttäjä. Piirakoista riitti niin Hilman kuin Hiljan ja Martan perheille.

Uuno ja Jussi puhdistivat piha-aluetta lumesta. Eilan mielestä pihamaa pitää puhdistaa, että Joulupukki pääsee tulemaan illalla ja tuomaan lahjoja.

Joulusahti oli ollut tekeytymässä jo kolme vuorokautta. Sahtitynnyri tuotiin tupaan ja Josua maistoi ja totesi: " Onpa hyvänmakuista kvassia!" Tupaan levisi myös hyviä tuoksuja uunista, siellä kypsyivät lanttu ja porkkanalaatikko, karjalanpaisti ja uuniperunat. Joulutortutkin olivat valmiina.

Aattoillan tapahtumiin ennen Joulupukin tuloa kuului myös joulusauna. Kylvettiin vastoilla ja otettiin löylyä useampaan kertaan. Rohkeimmat pinkaisivat ulos lumihankeen saunomisen välillä. Eilaa jännitti eniten Joulupukin tulo. Kun eteisessä alkoi kuulua kopina, Eila oli ensimmäisenä vastaanottamassa. Kilttejä lapsia oli tuvassa ja niinpä Joulupukki jakoi muutamia lahjoja. Eila sai kauan odottamansa nuken. Hän alkoi heti hoivata ja syöttää pientä nukkeaan.

Jouluaamuna Josua vei hevoselle kauroja ja teki vähän parempaa apetta joulun kunniaksi. Sylvi voi lehmille pihanurmiheiniä ja toivotti eläimille "Hyvää Joulua"! Hilma kävi lypsämässä lehmät ja antoi lehmille heiniä ja vasikoille kurria.

Jouluaamuna Josualla oli yllätys. Hän oli kauppareissuiltaan Pietarista tuonut uuden radion, josta äänet kuuluivat ilman särinää ja selkeämmin. "Siitä saamme kuunnella joulupäivän jumalanpalvelusta," tuumasi Josua. Tämä oli Hilmalle tärkeä tieto, että hän saisi kuunnella jumalanpalvelukset ja tärkeät tiedotteet radiosta.

Vuoden 1938 tammikuun alussa oli aika Jussin lähteä asepalvelukseen vuoden ajaksi Karjalan Pataljoonaan. Hän oli ollut kutsunnoissa aikaisemmin edellisen vuoden syksyllä 1936. Hilma leipoi Jussille mukaan lihakukon ja laittoi rasiaan voita kimpaleen. Jussi lähti illansuussa astelemaan kohti sotilaiden kokoontumispaikkaa.

Loppiaisen jälkeen oli monenlaisia talvitöitä; heinien ajamista, savottaa, propsitaapeleiden ajamista jäätietä pitkin jokirantaan, johon saatiin apua naapuri Nilsseniltä.

Kevät ja kesä 1938 Mäntyniemessä

Huhtikuun lopulla 1938 oli Enso Gutzetilla propsien kuorintasavotta Petäjäjärven rannalla. Uuno ja Josua lähtivät savottaan. Propsit oli kuorittava puolipuhtaaksi. Kun tulvavesi nousi pinoille saakka, kuorinta oli hidasta. Miehet saivat työnjohtajalta luvan, että tulvaveden varassa olevat puut vain aisattaisiin ja ne vieritetään sen jälkeen heti järveen. Tämä nopeutti urakkaa. Sitten alkoi uitto. Puista tehtiin lauttoja ja hinaaja kuljetti lauttojen suman järven yli. Joelle tultua suma kulki virran mukana alaspäin ja uittomiehet kulkivat rannalla seuraten puiden kulkua. Koskipaikoissa puut usein ruuhkautuivat. Silloin uittomiehet joutuivat pitkävartisilla uittokekseillä purkamaan ruuhkaa. Puiden kuljettaminen vesiä pitkin oli vaativaa ja välillä vaarallistakin puuhaa. Onneksi vahinkoja ei sattunut ja savottamiehet palasivat ehjinä kotipuoleen.

Kevät toi mukanaan monenlaista askaretta. Hilma kylvi pellavan siemenet "sylkemällä" vanhaan malliin eli kostutti syljellä siemenet ennen maahan panoa. Liinan eli hampun siemenet hän kylvi sirottamalla. Josua kylvi toukoviljat käsin kylvövakasta viskomalla. Uuno ajeli kaikki siemenet peittoon hevosen vetämällä hankmolla.

Josua oli aikaisemmin ajanut perunamaalle hevosenlantaa._Uuno ja Sylvi kantoivat itäneet perunalaatikot pellonreunaan. Josua ajoi hevosen vetämällä "uatralla" vaon. Uuno kiirehti tuomaan kihvelillä lantaa vakoon. Eila komensi veljeään lopettamaan: "Me tukehdumme tähän paskanhajuun! Ensin perunat, sitten lanta." Näin tehtiin ja Josua kynti vaon umpeen.

Kun karja laskettiin talven jälkeen ulkolaitumelle, Eila seurasi tarkkaan eläinten juoksentelua edestakaisin ja hypähtelyjä moneen suuntaan ennen kuin eläimet suostuivat lähtemään laitumelle päin. Eila toimi paimentyttönä vitsa kädessä. Illalla lehmät haettiin taas lypsyhakaan, jossa ne myös yöpyivät. Kesällä härillään olevat lehmät käytettiin sonnilla, näin talveksi saatiin taas vasikoita. Kylän ainut sonni sijaitsi neljän kilometrin päässä, jonne mentiin jalkaisin lehmää taluttaen.

Elokuulla pellavat oli nyhdettävä maasta. Hilma opetti tyttäriä tekemään niistä lyhteitä, jotka Josua kuljetti joen äprääseen veteen likoamaan muutamaksi päiväksi. Sen jälkeen niitä kuivatettiin aidan päällä ja saunan lämmössä ennen kuin päästiin loukuttamaan. Loukuttamisen tarkoitus oli rikkoa pellavan varren puumainen osa. Hilma käsitteli pellavia hammasrakenteisella loukulla, että päistäreet eli ohuet ja lyhyet kuidut irtosivat. Loput päistäreet saatiin pois, kun pellavat vedettiin lipsun läpi. Lipsuttamisessa pellavaa ei hakata, vaan pellavat vedetään metallisia teriä vasten. Näin syntyneet pellavatappurakuontalot Hilma vei sisälle odottamaan syksyn jatkokäsittelyä. Jatkokäsittelyssä erotellaan hienommat osat (aivinat) ja rohdinpellava eli karkeammat osat toisistaan. Jatkokäsittelyä sanottiin myös häkilöinniksi.

Hämärinä iltoina syksyllä öljylampun valossa Hilma aloitti pellavalankojen kehräämisen. Pellavakuontalo laitettiin rukin lapaan, josta Hilma veti ohuita suikaleita langaksi rukin pyörivälle rullalle. Rukinkehrän pyöriminen saatiin aikaan jalalla polkien. Rullalta Hilma laittoi pellavalangat vyyhdelle. Hilma jatkoi pellavalankojen kehräämistä useimpana iltana. Tarkoituksena Hilmalla oli, että nämä pellavalangat olisivat tulevan talven mattokankaan loimilankoja.

PUOLUSTUSVALMIUTTA ALETAAN KOHOTTAA 1938-1939

Radiosta Josua ja Hilma olivat kuulleet Neuvostoliiton neuvotteluista ja "sopimuksista" Saksan kanssa. Sen mukaan Venäjä saisi Suomen ja Saksa Baltian maita. Niinpä Neuvostoliitto aloitti epäviralliset tunnustelut rajajärjestelyistä Suomen hallituksen kanssa jo alkuvuodesta 1938. Neuvostoliitto vetosi Leningradin turvallisuuteen vedoten saada rakentaa Suomeen ilmapuolustustukikohdan ja vuokrata Suomenlahden saaria 30 vuodeksi. Suomi ei suostunut aluevuokrauksiin ja neuvotteluihin tuli tauko.

Kuolismaan Mäntyniemessä rauhallinen elämä jatkui. Helmikuussa Heluna - lehmä poiki lehmivasikan. Eila kävi useita kertoja päivässä silittelemässä sievää vasikkaa. Helunasta lypsettiin ternimaitoa, jota juotettiin vasikalle ja Hilma teki maidosta uunijuustoa ja pannukakkua. Myös lampaat saivat karitsoita, joten Josualla oli mielessä pääsiäiseksi karitsapaisti.

Talvella seurakunta järjesti kinkereitä. Nyt vuorossa oli Miikkulanvaara. Kinkereille tuli lähikylistä porukkaa joko suksilla tai hevosilla. Hilma, Josua ja Eila, sekä Hilja lapsiensa Oskarin ja Martin kanssa lähtivät samalla ajoreellä kinkereille Kettusen Matin taloon.

Sisällä oli kirkkoherra ja kanttori Raitala. Kanttori kysyi tervehtiessään: "Mikä on neidin nimi? " Vastaus tuli heti: "Eila ja viisi vuotta." Kettusen Matin tupaan oli laitettu lankkupenkit, jotka täyttyivät kyläläisistä. Alkuvirtenä laulettiin "Joka aamu on armo uus, miks huolta siis kan-

48

taa...". Kirkkoherra piti pienen puheen ja kanttori kyseli sitten rippi-
koululaisilta virsiin ja Raamattuun liittyviä asioita. Eilalta hän kysyi: "
Tunnetko sinä kirjaimet?" Eila vastasi myöntävästi, kanttori näytti
yhtä sanaa sormellaan ja kysyi: "Mitä tässä lukee?" Eila vastasi: "Eila".
Kanttori vastasi, että tämä on hyvä alku, vaikka sana olikin Elias. Sit-
ten laulettiin virsi "Maan korvessa kulkevi lapsosen tie, hänt ihana
enkeli kotihin vie..." Eila oli tottunut kiviseen polkuun lehmiä laitu-
melle vietäessä. Kinkereillä kirkkoherra ja kanttori kyselivät kyläläisil-
tä Raamatun ja Katekismuksen ja käskyjen tietämystä ja antoivat läksy-
jä – joskus myös nuhteita, jos 10 käskyä ei ollut hallussa. Matin tupaan
oli katettu myös kahvipöytä, joka notkui karjalanpiirakoista sekä ka-
kuista ja pullarinkilästä. Loppulauluna veisattiin "Mä silmät luon ylös
taivaaseen, ja yhteen käteni liitän...". Kotimatkalla Josua hoputti he-
vosta vauhdikkaaseen laukkaan.

Jussi pääsi armeijasta joulukuussa 1938 oltuaan siellä vuoden. Josua oli
järjestänyt Jussille ja Uunolle metsäsavottaa. Tarkoitus oli kaataa met-
sää parin hehtaarin alalta. Puita kaadettiin, osa myytiin ja osasta teh-
tiin polttopuita. Keväällä alueella poltettiin kaski, poltettiin risut ja
muokattiin maa mullikolle. Hilma kylvi paikalle kaskinaurista. Jussi
käänsi lapiolla kasvimaan ja Sylvi kylvi punajuuren ja porkkanan sekä
turnuksen siemeniä. Useampi käärme kiemurteli pellolla. Ennustaja-
eukot olivat sanoneet, että jos käärmeitä liikkuu paljon, sota on tulos-
sa!

Ennen kesää Hilma ompeli Eilalle uuden mekon. Eila ei oikein tykän-
nyt kukallisesta retongista, mutta suostui laittamaan sen päälleen.

Kesän alku kului välttämättömissä kesätöissä. Euroopasta kuului vies-
tejä Hitlerin vallan lisääntymisestä. Suomi kohotti puolustusvalmiut-
taan kesällä 1939, kun Karjalaan tuli Suojeluskuntajärjestön kautta
muualta Suomesta vapaaehtoisia nuoria miehiä tekemään linnoitustöi-
tä. Kaivettiin vallihautoja ja tehtiin kiviesteitä. Rajan pinnassa oli vii-

kottain arviolta 2000 miestä, jotka rakensivat panssariesteitä. Myös Kuolismaalla olivat sotilaat tuttu näky kesällä 1939. Sotilaille annettiin ruokaa taloissa, mutta myös Lotta Svärd-järjestö osallistui muonitukseen. Pari sotilasta oli käynyt tarkistamassa Josuan hevosen, onko sillä millainen kunto ja kysellyt, jaksaako hevonen tehdä maanviljelys- ja metsätöitä.

Elokuulla 1939 Hilma keräsi viinimarjoja tyttäriensä kanssa. Josua, Jussi ja Uuno leikkasivat viljat. Perunat nostettiin maasta ja vietiin kuoppaan. Syyskynnöt tehtiin. Myös radiota kuunneltiin paljon ja etenkin hälyttäviä sodanuhkauutisia. Kaikki puhuivat mahdollisesta sodan alkamisesta, mutta toivottiin parasta, että rauhassa saataisiin Kuolismaassa elää.

Euroopassa alkoi syyskuussa sotatoimet, kun Saksa hyökkäsi Puolaan. Suomen kohdalla alkoi tapahtua, kun Neuvostoliiton ulkoministeri kutsui Suomen pääministerin valtuuskuntineen neuvotteluun Molotovin luokse Moskovaan. Valtioneuvos Paasikivi lähti 9.10.1939 neuvotteluun yksin. Neuvottelut jatkuivat pari viikkoa.

Sotamarsalkka Mannerheim sai luvan aloittaa omat toimintasuunnitelmansa jo kesken neuvottelun. Niinpä hän ilmoitti täydellisen liikekannallepanon 12.10.1939. Aseisiin kutsuttiin Suomen lähes 300 000 asepalveluksen käynyttä suomalaismiestä.

Ilomantsissa raja-alueilla liikekannallepanon vuoksi perustettiin Erillinen Pataljooona Er.P.11 ja miehiä kutsuttiin kertausharjoituksiin. Rajakomppania Er.P 11 päällikkönä toimi kapteeni Viljo Kivikko. Esikunta sijoitettiin Kuolismaan kylään Kettusen taloon. Kertausharjoituksiin kutsuttiin myös Uuno ja Jussi Kettunen, Väinö Eronen ja Erkki Nuoramo.

50

Kuolismaan kylää. Vasemmalla alhaalla Hilma ja Josua Kettusen rakennukset.

Josua ja Hilma Kettusen talo lisäsiipineen, navetta ja sauna, kauempana sauna ja riihi.

Kettusten taloa suurennetaan ennen talvisotaa 1937-38. Uuno, Martta ja Sylvi katolla.

Hilma ja Josua Kettunen

Kuolismaan koulu

Kuolismaan koulun käsityöluokka. Martta edessä.

Koulun veistoluokka, jossa ruokaillaan. Jussi ja Martta edessä selät vastakkain.

Perunakerho kokoontuu, Jussi 2.vasemmalta, Martta 1.oikealta.

Josua Kettusen perhe; Oikealla Josua, Hilma, Väinö Eronen, Hilja Eronen (Kettunen), Martta, Sylvi, takana Jussi ja Uuno. Uunon sylissä Eila. Vuosi 1934.

Hilma tyttärensä Hiljan (Eronen) kanssa. Hiljan sylissä pojat Oskari ja Martti. Hilman sylissä Eila.

Kuva otettu Kuolismaassa ennen sotaa vuonna 1938.

EVAKKOMATKA ALKAA

Neuvostoliiton kommunistisen puolueen 1.pääsihteeri Stalin katkaisi Suomen ja Neuvostoliiton välisen hyökkäämättömyyssopimuksen. Suomen rajalla Mekrissä hyökkäykset alkoivat marraskuun 29 päivänä 1939. Mekristä asukkaat olivat lähteneet evakkoon jo 28.11.1939. Liusvaaralaiset lähtivät evakkoon 29.11.39.

Kun sotatilanne oli alkanut, Josua kutsui nopeasti teurastajan sikaa lahtaamaan. Hilma oli aikaisin aamulla tehnyt leipätaikinan. Kun Josua toi teurastajalta lihaa, Hilma teki lihakukot uuniin paistumaan. Samalla hän laittoi uuniin myös kinkun. Iltapäivällä toi rajavartijat tiedon, että vuorokauden sisällä on kuolismaalaisten lähdettävä evakkoon ja mukaan saa ottaa vain tarpeellisimmat tavarat. Rajavartijana oli sukulaismies, serkku Kettunen. Hänen mukaansa matkaan voi lähteä vaikka heti, kun lähtövalmistelut on tehty. Evakkopaikkakunnaksi on ilmoitettu Savossa Iisalmi. Hilma ja Josua olivat jo ennakoineet evakkoon lähdön tulevan, joten Josua oli tehnyt lehmille kaulaan laitettavat nimilaput. Josua antoi Sylville ohjeita lehmien kuljettamisesta Kaltimon rautatieasemalle. Hilma kävi Sylvin kanssa aikaisin seuraavana aamuna 30.11. lypsämässä lehmät. Hilma nojasi lypsäessään lehmään ja itki hiljaa, kun kukaan ei tiedä, mitä tuleva aika tuo tullessaan. Sydänalassa ahdistaa, "tämä on pahinta, mitä odottaa saattaa, rakas koti pitää jättää ja lähteä kuin mierontielle " ajatteli Hilma. Hyvästelyjen ja silittelyn jälkeen Sylvi lähti kuljettamaan lehmiä kohti Möhköä ja Ilomantsin kirkonkylää.

Samaan aikaan Josua valjastaa hevosen ajoreen eteen. Tupa on lämmin ja ruisleivän tuoksu täyttää sen. Hilma kerää nopeasti pieniä tavaroita kangasnyyttiin ja Eila kerää lattialta pieniä lelutavaroita. Kaikki tekevät tarvittavat tehtävät hiljaa ja pää painuksissa. Hilma hyvästelee mielessään kodin, josta oli tullut hänelle hyvin rakas. Josua lastaa kyytiin Hilman tekemät eväsreput ja muut matkatavarat sekä kauranjy-

56

väsäkin hevoselle. Reen pohjalle Josua asettelee olkia ja heiniä ja päälle Hilman tekemät lammasvällyt. Mäntyniemestä lähtee kyytiin Hilma, Eila, Martan perheestä Martta Liisa-tyttärensä kanssa ja Hilja-tytär Oskarin ja Martin kanssa. Reki tulee täyteen kahdeksasta henkilöstä.

Ajomatka alkaa talvisessa kelissä. Samalla he huomaavat ulien kajon taivalla Liusvaaran suunnalla. "Siellä palaa jo", tuumaa Josua. Matkatessaan eteenpäin he näkevät useita hevoskulkueita, kun myös liusvaaralaiset etenevät Ilomantsin suuntaan. Tienvierillä on toisin paikoin kaaos, kun tavaroita ja viljoja on valunut hajonneista säkeistä pitkin tietä. Ihmiset huutelivat toisilleen ja katselivat taivaanrantaa hätääntyneinä. Lehmät kahlasivat lumessa ja joidenkin utereet olivat jäässä. Jotkut lehmät eivät suostuneet jatkamaan matkaa ja niitä vietiin lähitaloihin teurastettavaksi. Josua pysäytti hevosen tien reunaan ja vei sille heiniä. Se saisi levätä vähän aikaa. Myös lapset saivat nousta jaloittelemaan ja leipäpalalle. Aikuiset juttelivat toisien rekikuntien kanssa ja naiset kauhistelivat ja päivittelivät tilannetta.

Illan suussa oli ajettu noin 16 kilometrin matka ja tultu Kalliovaaraan, jossa asui sukulaisia. Kettusten rekikunta meni kysymään yösijaa. Mielellään talonväki otti heidät vastaan, kun sai hetken rupatella tuttavien kanssa. Myös talonväki aavisteli, että heidänkin pitää valmistautua evakkoon lähtöön. Hilma ruokki porukkansa omilla eväillä, kinkkua ja lihakukkoa oli runsaasti. Aamulla Hilja keitti kahvit ja lapsille ohrapuurot ja sitten hyvästeltiin ja jatkettiin matkaa.

Kun saavuttiin Möhköön, näkivät kymmenet rekikunnat paksun ja mustan savupilven kohoavan taivasta kohti juuri Kuolismaan suunnalta. "Kylämme palaa", vaikeroi Hilma ja oli lyyhistymässä maahan. "Tulehan Hilma, ollaan vahvoja lasten takia," sanoi Josua ja otti Hilmaa kädestä ja ohjasi hänet sisälle, missä oli evakoille järjestetty lämmin sopparuokailu. Matka jatkui eteenpäin haikein mielin. Josuan reen takana oleva ajomies huutaa äkkiä: " Josua, elä aja, eukkos putos kyydistä!" Koko hevoskolonna pysähtyi, kunnes Hilma pääsi kipuamaan takaisin rekeen. Hilma oli muiden ahtautuessa rekeen jäänyt niin reunalle, että reen kallistuessa hän putosi reestä.

"Meille ei mahdu yöksi!"

Oinasvaarassa oli seuraava pysähdyspaikka ja sielläkin tuttavan talo. Emäntä keitti heti kahvit ja laittoi pöytään monenlaista kahvileipää ja karjalanpiirakoita. Lapsille tarjottiin mehua ja pullaa. Taas pakkauduttiin rekeen ja myöhään iltapäivällä oli päästy jo Ilomantsin Pienviljelijäkoululle. Siellä oli piha täynnä hevosia ja Josua kysyessä yösijaa ilmoitettiin, ettei sinne enää mahtunut. Kuusi hevoskuntaa lähti ajamaan eteenpäin ohi Ilomantsin kirkonkylän Iknonvaaraan. Mäellä oli iso talo, jonka pihaan Josua ohjasti hevosen. Hilja nuorempana meni kolkuttelemaan ovelle, mutta emäntä tuli ovelle ja sanoi: "Menkää tuohon naapuriin, siinä pidetään aina kulkijoita, meille tulee vieraita, emme voi näin suurta sakkia ottaa yöksi." Se teki kovasti kipeää – ei olisi luullut, että niin käy, vaan kyllä se kävi sittenkin, että heidät käännytettiin ovelta. Kaikki olivat väsyneitä koko päivän matkustamisesta ja he olivat joutuneet jättämään rakkaan kotikylän. Nyt heitä ei päästetty sisälle taloon. Hilman sydämessä kouristi. Josua ohjasti hevosen naapurin talon pihaan ja Hilja meni pää painuksissa ovelle. Talon väki otti heidät vastaan ystävällisesti, vaikka talo oli huomattavasti pienempi kuin edellinen talo, josta käännytettiin. Isäntä oli niin helläsydäminen ja ymmärtäväinen, että koetti parhaan kykynsä mukaan järjestää olon heille suotuisaksi. Isäntä toi lattialle olkipatjoja, joille lapset peiteltiin nukkumaan. Aikuiset ojensivat itsensä paljaalle lattialle omien takkien päälle. Talon emäntä toi peittoja kaikille.

Yön aika meni jutellen eteenpäin menosta ja seuraavasta yöpaikasta. Hilma ja Hilja juttelivat siitä, minkälainen vastaanotto mahtaa olla seuraavassa yöpaikassa. Hilma oli ihan kuin peloissaan siitä, että onkohan enemmänkin sydämettömiä ihmisiä tämän matkan aikana.

Hilma valvoi vielä yksinään yön hiljaisuudessa miettien, kuinka kaukana he olivat jo kotikylästä. Kolmipäiväisen matkan jälkeen mielessä harhaili kaikki kotoiset tunnelmat ja pihan rauhallisuus. Nyt vaara uhkasi kotia. "Olen Luojalle kiitollinen, kun olemme päässeet tänne, sieltä sodan ja tulen keskeltä, hyvien ihmisten luokse," sanoi Hilma ja risti kätensä. Hilma ja Josua tunsivat huolta myös taistelutantereella olevien poikien ja vävyjen puolesta, jotka jäivät sinne, missä heitä näinä aikoina tarvitaan. "Anna Herra voimaa kestääksemme kaiken, mitä kukin tuleva päivä tuo tullessaan," rukoili Hilma.

Yöpymisen ja aamupalan syönnin jälkeen hevosseurueet kokoontuivat. Kaksi hevoskuntaa lähti ajamaan Sonkajan kautta suoraan kohti Savoa, joka heille oli ilmoitettu evakkopaikaksi. Josuan rekikunnan mukana kolme muuta hevosseuruetta lähti ajamaan kohti Pirttivaaraa. Pirttivaarassa Nuoramoilla oli sukulaisia, Nygrenit, jossa vietettiin muutama päivä. Josua hankki päivien aikana täydennystä eväsreppuihin ja Hilma sai paistettua uuden lihakukon leivinuunissa.

Neljän vuorokauden jälkeen Josua valjasti hevosen ja matkaan lähdettiin aikaisin aamulla suuntana Kontiolahti. Päivän aikana pysähdyttiin useampaan kertaan ja lepuutettiin hevosta sekä pidettiin ruokataukoja tuttavien talon pihoissa. Kontiolahdessa seurueelle oli varattu yöpymispaikka kansakoululla. Siellä olivat Martat valmistaneet hernekeittoa päälliseksi. Illalla myös pappi tuli juttelemaan ja yhdessä laulettiin virsi

"Siunaa ja varjele meitä, Korkein kädelläs!
Kaitse kansamme teitä, vyöttäen voimalla meitä,
heikkoja edessäs!
Sulta on kaikki suuruus, henki sun hengestäs.! (Uuno Kailas 1931)

Seuraavana aamuna kirkossa oli lyhyt rukous- ja siunaushetki. Evakkolaiset saivat mukaan näin myös henkistä evästä ja luottamusta korkeampaan voimaan!

Seuraavana aamuna pappi tuli neuvomaan Josualle ajoreittejä ja saattoi seuruetta aina Ahmovaaraan saakka. Siellä oli ruokailu järjestetty kansantalolla. Sieltä edettiin kolmisenkymmentä kilometriä Juuan keskuskoululle. Nukkumapaikkoja oli väljästi koko porukalle ja seurakunta oli järjestänyt sinne maittavan ruokailuhetken ja aamupalan seuraavana aamuna.

Evakkomatka jatkui. Lapsista Eilalla, Oskarilla ja Martilla oli seuraa toisistaan ja he keksivät matkan aikana monenlaista ajanvietettä. Juuan Petrovaara oli seuraava pidempi pysähdyspaikka, jossa lepuutettiin ja ruokittiin hevosta ja syötiin Hilman paistamaan lihakukkoa. Siitä matka jatkui Juankoskelle, jossa oli kunnan järjestämä sopparuokailu. Vatsat täynnä maistuvasta sopasta jaksettiin vielä matkata Nilsiään saakka, jossa heidät ohjattiin yöpymään kansakoululle. Lotat olivat siellä järjestäneet ruokailun ja kahvia. Levolle mentiin rauhallisina, joskin Hilman ajatuksiin tuli Sylvi, miten hän pärjää lehmien kanssa? Ja miten lehmät jaksavat? Kuka ne lypsää? Ja minne maito laitetaan? Joudutaanko lehmiä teurastamaan, jos eivät jaksa kävellä? Lopulta Hilmakin nukahti kädet rinnan alla ristissä.

Aamulla matka jatkui kohti Varpaisjärveä, jossa pysähdyttiin kahville, mehulle ja voileiville. Lottien järjestämänä ruokailu oli Lapinlahdella. Iltapäivällä oltiinkin sitten jo Iisalmessa. Siellä ohjattiin evakkoperheet kukin omille paikkakunnilleen. Martta ja Liisa-tytär ohjattiin menemään junalla Nurmoon. Erosen Hilja ja lapset ohjattiin Hanhijoelle Taavetti Kämäräisen taloon. He pääsivät sinne Josuan hevoskyydissä. Sitten kolmistaan Josua, Hilma ja Eila ajoivat Aittokoskelle heille määrättyyn Heiskasen evakkoperheeseen. He olivat hevospelillä matkanneet yli 700 kilometriä Kuolismaan Mäntyniemestä Aittokoskelle. Hilma oli kiitollinen, kun isäntä ja emäntä ottivat heidät vastaan ja ohjasivat huoneeseen, jossa saivat asua. Jo illalla sovittiin, että Hilma ja Josua saisivat levätä ja tutustua talon töihin muutaman päivän ajan. Hilman silmiin tulvahtivat kyyneleet, kun hän mietti omaa kotiaan, ruokavarastoja, joita he olivat talvea varten laittaneet ja kaikki muu hyvä, mikä heidän oli sinne jätettävä – poltettavaksi. Pääsisivätkö he enää koskaan sinne takaisin – ei – kotia ei enää ollut! Huolten määrä oli niin suuri, että sydänalassa tuntui pahalta.

Hevonen oli muutaman päivän ajan väsynyt ja saikin levätä navetan eteistilassa. Talossa ei kuitenkaan ollut Josuan hevoselle kunnon tallia, eikä tarvetta hevoselle, joten Josua möi hevosen pois tarpeettomana läheisen tilan isännälle.

Evakkotalon väki oli ymmärtäväistä ja myös Hilma ja Josua sopeutuivat hyvin talon touhuihin ja työtehtäviin. Perheen naapurissa oli samanikäinen tyttö kuin Eila – he ystävystyivät jo heti seuraavana päivänä. Hilmalla oli koko ajan mielessä, kuinka Sylvi selviää lehmikarjan kuljetuksesta yksin ja missä hän mahtanee olla? Vastaus saatiin jo seuraavalla viikolla, kun Sylvi tuli Aittokoskelle ja kertoi koko pitkän tarinan.

Sylvi lehmiä kuljettamassa

Kun Josuan ja Hilman muu perhe lähti hevosreellä evakkomatkalle, Sylvi lähti kuljettamaan lehmikarjaa yksin kohti Ilomantsin kirkonkylää ja sieltä edelleen Kaltimoon ja minne sieltä lehmät joutuisivat? Hilma oli ommellut lehmille utareihin suojat, jotka sidotiin nauhalla lehmän selkään.

Lunta sataa hiljalleen ja lämpömittari osoittaa pientä pakkasta. Sylvi kulkee tien reunaa ja taluttaa narusta johtajalehmää, kello kaulassa kulkevaa Helunaa. Kolme muuta lehmää seuraa perästä. Aikansa kuljettuaan Sylvi poikkeaa tien lähellä olevaan taloon. Hän laittaa lehmän portaiden paaluun ja koputtaa oveen. "Päivää, saisinko lepuuttaa lehmiä teidän pihassa ja olisiko teillä antaa heinää ja vettä lehmilleni," pyytää Sylvi, kun isäntä avaa oven. "Mennäänpä tuonne navetalle, eiköhän sieltä vähän heiniä löydy", virkkoi ystävällinen isäntä. Sylvi nosti heinätupon lehmien eteen ja tarjosi sankosta juotavaa, istahti sitten itsekin rappusille ja mietti: " Iltalypsyn paikaksi pitäisi löytää talo, johon saisi asettua lehmien kanssa yöksi." Kun talo illansuussa löytyi, lehmät ohjattiin navetan eteistilaan, jossa oli heiniä ja olkia. Lehmät Sylvi kiinnitti yön ajaksi kuljetusnarulla pystypuuhun ja lypsi yksin neljä lehmää – siihen kului aikaa. Itse hän sai yösijan talon kammarin lattialta, joskus pääsi vuoteeseen. Uni maistui pitkän ja raskaan työurakan jälkeen. Maitoa hän käytti itse jonkin verran ja otti pulloon matkalle, mutta suurin osa maidosta jäi yöpymispaikkaan korvaukseksi yöpaikasta ja käytetyistä tiloista. Maitoa myös jaettiin ohikulkeville sotilaille ja evakkoväelle. Aamulypsy oli tehtävä joka aamu ja vasta sen jälkeen pääsi jatkamaan matkaa. Päivien aikana oli monta pysähdystä ja ruokintataukoa. Ilomantsin kirkolle tultaessa oli kuljettu lehmien kanssa seitsemän vuorokautta.

Sylvi oli rauhallinen lehmien kanssa. Välillä lehmät tekivät tenän, ne kärsivät jatkuvasta kulkemisesta ja pitkästä matkasta, eivätkä olisi suostuneet jatkamaan, silloin Sylvin täytyi houkutella lehmiä kulkemaan heinätupon tai leivänpalasen avulla. Onneksi taloissa oltiin ymmärtäväisiä ja yösija lehmille löytyi milloin navetasta milloin tallista. Matka jatkui hitaasti Sonkajan, Tokrajärven ja Kuisman kautta Kaltimoon ja perilletuloon oli kulunut jo monta viikkoa. Nyt oli jo joulukuun puoliväli. Sylvillä oli myös kengän tekemiä hankaumia jaloissa ja käsiä paleli. Lehmät Sylvi saatteli ja hyvästeli Kaltimon asemalla eläinten kuljetusvaunuun. Junaan lähti karjakko, joka huolehti eläimistä ja lypsyistä matkan aikana Pohjanmaan suuntaan.

Sylvi sai kuorma-autokuljetuksen Aittokoskelle. Hilma katseli ikkunasta lumista maisemaa, kun hän näki jonkun kävelevän kohti taloa. Kuka sieltä tuleekaan – Sylvi, lapseni – Hilma riemuitsee ja ottaa Sylvin käsiensä suojaan. Yksi huoli on poissa. Sylvi näytti hyväkuntoiselta ja lupasi auttaa Hilmaa talon karjanhoidossa. Seuraavana päivänä

Sylvi ja Hilma "pyöräyttivät" karjalanpiirakoita koko väelle. Ajelivat kaulimella ruiskuoret ja "syömmeksi "laittoivat perunaa ja osaan piirakoista riisiä. Joulu ja uusi vuosi vietettiin rauhallisesti talon väen kanssa jouluruuista nauttien ja jumalanpalvelusta kuunnellen. Silloin tällöin Hilman poskelle vieri kyynel, kun hän ajatteli rakasta Mäntyniemen taloaan ja vihreitä kunnaita ja nittyjä. Nyt ne kaikki on poltettu. Ainainen huoli oli myös Uunosta ja Jussista sekä Väinöstä ja Erkistä, jotka olivat sotatantereella.

Loppiaisen aikaan Hilma sai kokea yllätyksen, kun Uuno tuli käymään lomalla. Uuno sai tavata perheen ja nuoremmat sisarukset. Uuno toi viestiä myös Jussilta, että sota-alueella on kaikki olosuhteisiin nähden hyvin. Lomalta pois lähtiessä Hilma sai järjestettyä Josuan avustuksella sota-alueelle repussa vietäväksi lihakukkoja ja monenlaista muuta syötävää.

Helmikuulla Neuvostoliitto alkoi pommittaa Iisalmea. Pommikoneet kävivät pommittamassa Peltosalmen rautatiesiltaa. Onneksi eivät osuneet. Aittokosken toisella puolen paloi metsää, sinne pommi oli osunut. Eila katseli ihmeissään, kun metsää kaatui ja paloi kosken toisella puolen.

Talvisota päättyy kestettyään 105 päivää

Maaliskuulla 1940 tuli tieto sadan päättymisestä. Rauhanehdot olivat erityisen epämiellyttävät varsinkin ilomantsilaisille ja erityisesti kuolismaalaisille. Suomen rajan ulkopuolelle, Neuvostoliiton puolelle, jäivät Kuolismaa, Liusvaara ja Mekri. Myös Kettusten porukka pääsi lähtemään evakkoperheiden luota Ilomantsiin, mutta ei kotikylään Kuolismaahan.

Hilma oli talon emännän kanssa paistanut karjalanpiirakoita ja leipää matkaevääksi. Kiitollisin ja haikein mielin he hyvästelivät isäntäper-

63

heen. Aittokosken kylältä lähti mies antamaan hevoskyydin Iisalmeen Hilmalle, Josualle, Sylville ja Eilalle. Asemalla odottivat jo Hilja, Oskari ja Martti. Heidät ohjattiin härkävaunuun. Tavaravaunussa oli keskellä iso kamina, jossa oli tulipesä poltettaville puille. Polttopuut oli pinottu seiniviereen. Kaminan päällä pystyi matkan aikana keittämään kahvit ja puurot. Kylmää vettä oli suurissa puukorvoissa. Yöastioita ja sankkoja oli varattu seinustalle. Molemmilla sivuilla oli kaksikerroksiset makuulaverit, joiden päällä oli jonkinlainen ressu. Ala-lavitsojen reunalla pystyi istumaan ja lavitsoiden alla sai pitää tavaroitaan. Hilmalla, Josualla ja Eilalla oli onni, kun he pääsivät ensimmäisinä vaunuun sisälle ja valitsivat toisen päädyn ala-lavitsan. Sylvi kiipesi ylös muiden nuorien kanssa. Erosetkin nukkuivat yhdellä ala-lavitsalla. Tavarajuna puksutteli hiljalleen eteenpäin pöläyttäen paksua savua veturin piipusta. Juna kulki Kontiomäen kautta, joten vasta seuraavana päivänä se saapui Lieksaan.

Lieksan asemalta Kettusten perhe ohjattiin linja-autoon, joka vei heidät Lieksan kirkkoon. Sinne oli järjestetty keittoruokailu ja Hilma kaivoi kassista esiin piirakoita ja leipää keiton kylkiäiseksi. Vaikka kirkko oli suuri, evakkoväkeä oli niin paljon, että yöpyminen tuntui ahtaalta. Kirkossa aika kului hitaasti ja eväät hupenivat, koska siellä he joutuivat olemaan viisi vuorokautta. Päivisin he kuitenkin saivat lämpimän ruuan. Matka jatkui linja-autolla Uimaharjuun ja edelleen Tyrjän kansakoululle.

Sotamiehet vapautuvat armeijasta

Tyrjän kansakoululla jaettiin taas perheitä taloihin. Uuno ja Jussikin olivat saaneet tiedon oman perheen majoituksesta ja tulivat paikalle, koska Kuolismaahan ei voinut mennä. Hilma ja Josua perheineen oli määrätty Pettäjän Aulis Puhakan taloon. Siellä heillä oli huone käytettävissä ja tuvassa Hilma sai keittää ruokia. Eila aloitti alakansakoulun 1.luokan syksyllä 1940 Tyrjän koulussa. Josualla ei nyt ollut hevosta, joten kaikki matkat oli tehtävä kesällä kävellen ja talvella hiihtäen. Hilma suunnitteli Josualle Ilomantsin kirkolla käyntiä, koska Eilalle olisi saatava tyttöjen vaatteita ja ompelukonetta ei ollut. Hilma ei uskonut jaksavansa kävellä niin pitkälle, joten hän laittoi Eilan Josuan mukaan ostoksille. Eräänä maanantaiaamuna Josua ja Eila lähtevät 40 kilometrin matkalle. He kävelevät tauotta Lylyvaaraan saakka. Sitten Josua kaivaa repusta matkaevästä ja maitoa. Seuraava lepotauko pidetään Iknonvaarassa. Myöhään illalla he saapuvat kirkolle ja saavat yöpyä Kettusten sukulaisissa. Aamulla kauppojen avauduttua Eila ja Josua pääsevät ostoksille. Josua tekee vielä omia asioita eri kaupoissa. Sitten alkaa paluumatka. Eilan kevyet ostokset mahtuivat hyvin Josuan selkäreppuun. Maisema vaihtui ja matka eteni. Ruokatauoksi pysähdytään Lylyvaaran majataloon. Eila riisuu kengät ja Josua hieroo Eilan varpaita ja kannustaa vielä jaksamaan, vaikka Eilaa alkaa väsyttää jo yksitoikkoinen kävely. Vihdoin ollaan Pettäjässä ja Eila esitteli Hilmalle ostoksensa. Hilma sai pyytämänsä tavarat ja hartiahuivin ja Eila sai kouluvaatteita. Heti syötyään Eila nukahti sohvalle ja jatkoi unia seuraavaan aamuun. Kävelymatka uuvutti jalat.

Vuosi 1941 alkoi rauhallisesti. Jussi ja Uuno olivat savotassa viikkoja. Eila kävi kansakoulun 1.luokan loppuun. Mutta sitten ilmoitettiin, että pitää muuttaa Ilomantsin kirkonkylän läheisyydessä olevalle Putkelan kylälle. Eilalta vaihtuisi myös koulupiiri.

Levottomuudet alkavat taas Suomen ja Neuvostoliiton välillä

Saksa oli hyökännyt Neuvostoliittoon. Suomi oli katkera Karjalan menetyksistä. Marsalkka Mannerheim päätti kutsua sotajoukot Suomen rajoille. 18.6.41 hän julisti Suomessa yleisen liikekannallepanon. Tätä kutsua noudattivat myös Uuno ja Jussi sekä Väinö Eronen ja Erkki Nuoramo. Miesten oli lähdettävä uudelleen sotatantereelle.

Neuvostoliitto katkaisi diplomaattisuhteet Suomen kanssa 24.6.41. Jatkosota alkoi. Suomen tavoitteena oli alusta alkaen vallata takaisin vain 1940-41 Neuvostoliiton miehittämät alueet. Kun tieto diplomaattisuhteiden katkeamisesta tuli Ilomantsin itäkyliin Karjalan armeijan päällikölle, hän antoi ryhmä Oinoselle aloittaa valmistelut mm. Kuolismaan ja Liusvaaran kylien takaisinvaltaamiselle.

Suurin osa ilomantsilaisista sotamiehistä kuului JR 9:ään, jonka keskus sijaitsi Kaltimossa. Sieltä joukot, mukana Uuno ja Jussi, siirtyivät Sonkajaan ja Koveroon. Kesäkuun 27.päivänä joukot siirtyivät Tohmajärvelle.

Samaan aikaan Karjalan armeijan osastot aloittivat hyökkäykset 7.7.41 Ontronvaaran valtaamiseksi. Neuvostoliiton hyökkäyksien torjumiset jatkuivat Peurajärvellä 8.7.41. Hyökkäykset jatkuivat seuraavina päivinä Louhivaaran ja Kuolismaan alueilla. Hyökkäysosasto joutui kuitenkin perääntymään, ettei olisi joutunut saarroksiin.

Rykmentin komentaja Kenraalimajuri Kuistio määräsi eversti Oinosen 13.7.41 hyökkäyksellä murtamaan vihollisen kenttävarustetut asemat Ontronvaara-Louhivaara-Lutikkavaara linjalla. 15.7.1941 saatiin Louhivaara vallattua takaisin suomalaisille joukko-osastoille. Sitten 20.7.1941 suomalaiset valtasivat hallintaansa vahvan hirsi- ja kivirakenteisen Mieronahon tukiaseman. Taistelut jatkuivat Lutikkavaaran ja Leppävaaran suunnalla. 23.7.1941 komentaja Majuri Kivikko sai määräyksen pitää saavutetut asemat suomalaisten hallussa. Vihdoin 8.8.1941 oli Neuvostoliiton joukot ajettu pois Kuolismaasta, Liusvaarasta ja Salmijärveltä. Taistelut jatkuivat Porajärvellä. Joukot alkoivat perääntyä, mutta kaikki taistelut hiljentyivät, kun suomalaiset sotilaat sytyttivät Porajärven talot palamaan perääntyessään.

Ilomantsilaiset JR 9:n miehet aloittivat 10.7.41 hyökkäyksen Neuvostoliittoa vastaan ja saavuttivat Laatokanrannan 20.7.1941. Elokuun aikana saatiin Sortavalan kaupunki vallattua takaisin suomalaisten hallintaan ja sotatoimissa päästiin jo Suomen ja Neuvostoliiton rajalle. Silloin suurin osa suomalaisista sotilaista olisi ollut valmis lopettamaan taistelut siihen paikkaan.

Suomen valtion ylin johto ja armeijan korkein päällystö halusi vapauttaa suomensukuiset karjalaiset kansat ja jatkoivat hyökkäyksiä. Syyskuulla 7 - 9. päivinä Karjalan armeijan joukot saavuttivat Aunuksen ja Syvärin. Jussi haavoittui syyskuussa 13 päivä, kun joukot etenivät Nirkassa. Luoti lävisti hänen vasenta kylkeään. Sodan muistona kylkeen jäi yli 10 sentin arpi. Aikaisemmin Jussi oli joutunut olemaan sairaalassa jalkojen takia, märät jalkarätit olivat aiheuttaneet tulehdusta varpaisiin, jota hoidettiin sairaalassa.

Lokakuussa 1941 oli Äänisen rannalla oleva Ostan kylä suomalaisten hallussa. Joulukuussa 1941 hyökkäykset pysäytettiin ja alkoi yli kaksi vuotta kestävä asemasotavaihe. Vaikka Saksa oli luvannut apua Suomelle, elintarvikkeista ja muonituksesta oli kova puute vuosina 41-42. Sotilailla ilmeni puutostauteja ja yleistä heikkoutta, ruokaa ja ravintoa ei ollut tarpeeksi. Jussi pääsi toipumislomalla käymään kotona ja sai mukaan Hilman paistamia eväitä.

Hilman perheen siviilielämää Putkelassa

Syksyllä 1941 Eila aloitti alakansakoulun 2. luokalla Ilomantsin kirkonkylällä. Koulumatka oli pitkä, kesäisin kävellen, talvella Eila pääsi naapurin hevoskyydissä aina pakkasilla kulkemaan. Lukukauden päättyessä Eila sai todistuksen, jossa luki: "Siirretään yläkoulun 1. luokalle" eli kansakoulun 4. luokalle suoraan. Hilman elämä tuntui hiljaiselta, ei ollut oikein mitään tekemistä kuin autella talonväkeä tupahommissa. Jussi pääsi lomalle alkutalvesta 1942. Hän sai viettää rauhallisen lomaviikon Putkelassa. Jussi kertoi, kuinka hän toimi sodassa aseellisena ajomiehenä. Hän ajoi mm. ruokaa etulinjan taistelijoille ja muillekin. Siirtymisissä seuraavaan taistelupaikkaan varastoja ja muonaa täydennettiin. Välillä ajomies hevosineen oli hyvinkin vaikeassa paikassa vihollisen suhteen. Josua ja Hilma kuuntelivat hiljaa Jussin kertomusta. Josua sai hankittua lähialueen taloista lihaa, kananmunia ja vastakirnuttua voita. Hilma paistoi kaksi lihakukkoa ja muutamia ruisleipiä sekä voikilon Jussin reppuun vietäväksi korsuihin sinne Syvärinjoen taakse.

Uuno toimi rintamalla ratsulähettinä. Hänellä oli tehtäviä myös hiljaisempina aikoina. Lähetin tehtäviin kuului myös postilähetysten kuljetukset komppanioihin ja paluupostia takaisin esikuntaan. Uunokin sai lomaviikon ja vietti sen Putkelassa. Eila oli iloinen ja riemuissaan isoveljien lomista ja kiirehti koulusta juoksujalkaa kotiin. Myös Uuno sai kotilomilta repun täyteen viemisiä korsukavereille.

Syksyllä 1942 Eila jatkoi yläkansakoulun 2. luokalla. Ruotsalaiset antoivat kouluille monenlaista tarviketta avustuksena. Kirjoja, vihkoja ja kyniä oli riittävästi ja koulunkäynti sujui. Ainoastaan matka oli pitkä, mutta Eila varttui ja vahvistui koko ajan. Hänellä oli myös kavereita samalta kylältä. Hilma ja Josua olivat sopeutuneet talon töihin ja naapureihin. Josua oli mukana pelto- ja viljelyshommissa minkä jaksoi, kalasti läheisestä järvestä ja oli mukana metsätöissä ja metsästyksessä.

Vuosi vierähti seuratessa uutisia ja toiveena oli vielä joskus päästä takaisin kotikonnuille, kauniiseen Kuolismaahan.

UUDELLEEN RAKENTAMINEN KUOLISMAASSA JA TOINEN EVAKKOON LÄHTÖ

Kesäkuussa 1943 pääsivät Hilma, Josua, Sylvi ja Eila muuttamaan takaisin Kuolismaahan. Matkan he tekivät linja-autolla ja kävelivät loppumatkan. Seudut tuntuvat Hilmasta ja koko seurueesta rakkailta ja kotoisilta. Kotikonnuille saavuttuaan he näkevät kaikkialla vain poltettuja raunioita ja tuhkaa. Savupiippuja, poltettuja ja hiiltyneitä lautapinoja oli siellä täällä. Hilma istahtaa Hiljan kanssa tutulle kivelle ja katselee ympärilleen ja muistelee lämpöistä tupaa leiväntuoksuineen, saunaa, missä oli synnyttänyt lapsia ja pihamaata, pellavapeltoja ja navettaa, jossa lehmät olivat äännähdelleet tuttavallisesti Hilman saavuttua niitä lypsämään. Kyyneleet vierivät pitkin poskia tätä kaikkea muistellessa ja nyt tuhkakasoja ja poltettua kotia katsellessa. Hilma huokaisee syvään ja mietti, mihin tämä maailman myllerrys vielä johtaa. "Ei auta itku, toimeen on ryhdyttävä, ollaanhan kuitenkin kotitantereella," tuumii Hilma ja nousee lähteäkseen keittämään tulokahvit rauniokivistä kyhätyllä nuotiolla. Hilja lähti yhtä apein mielin katsomaan oman kotinsa raunioita.

Tallin seinät olivat jostakin syystä jääneet palamatta. Kun tallin seinähirret purettiin, saatiin niistä rakennettua nopeasti sauna, jossa asuttiin alkuun. Rakentaminen oli hankalaa, koska naiset eivät aikaisemmin olleet osallistuneet niin paljoa rakennushommiin. Nyt oli pakko kiivetä katolle päreitä naulaamaan. Jussi ja Uuno tulivat aina lomilla auttamaan rakentamishommissa, heille kehittyikin hyvä ammattitaito rakentamiseen, josta oli hyötyä myöhemmin omia koteja rakentaessa. Myös rakennustarvikkeista oli pulaa tai niitä ei saanut ollenkaan. Naiset kiskoivat nauloja vanhoista palamattomista laudoista. Josua teki myös paksusta tankkiesterautalangasta isompia nauloja paksumpaan kiinnitykseen.

Talon rakentamisessa sokkeli oli saatu rakennettua, vaikka sementtiä oli vähänlaisesti. Onneksi pelloilla oli kiviraunioita, joista saatiin tukeva pohja kivijalaksi. Betonivalua tarvittiin ainoastaan reunoille ja päälle. Kivijalan pohjalla oleva kivikerros toimi samalla salaojana. Tarvitsi kaivaa vain oja jonkin matkaa alaspäin ja täyttää oja lopuilla kivillä. Talven aikana saatiin pärekattokin valmiiksi.

69

Syksyllä 1943 Josua sai apuun talkoomiehiä, että sai hankittua tuvan rakentamiseen tarvittavan määrän tukkipuita. Ne kuorittiin ja kantattiin sirkkelillä rakennusvalmiiksi. Nyt olisi edessä talon rakentaminen poltetun paikalle.

Asemasotaelämää

Kun sodan hyökkäysvaihe oli ohi syksyllä 1941, alkoi asemasotavaihe. Sotatoimet hiljenivät hajanaisia taisteluita lukuun ottamatta. Korsuja ja toimintapaikkoja alettiin kunnostaa. Esikuntarakennusta kunnostettiin samoin Lottien ylläpitämää kanttiinia ja ruokaparakkia. Sotilailla oli myös maanalaisia korsuja, joissa oli kamiina lämmitystä ja keittämistä varten. Useita sotilaskoteja ja uusia korsuja rakennettiin Karjalan suurista tukkipuista. Myös nelireikäisiä ulkohuusseja rakennettiin tarpeellinen määrä.

Kenttäkeittiössä valmistettiin ruoka, joka kuljetettiin hevosella korsuille. Sotilaat ottivat keittoannoksen omiin pakkeihinsa. Leipää oli jokaiselle "pommin kestävää" vanikkaa eli näkkileipää . Korsuissa oli iso vesiastia.

Lottien kanttiinissa tarjoiltiin teetä, kahvin korviketta, limonadia, sekä veden ja kasvirasvan kanssa tehtyjä munkkeja. Esikunnan yhteydessä oli puhelin ja lähettipalvelu sekä posti pataljoonalle. Lääkärille ja sairaanhoitajille oli erillinen parakkirakennus.

Vartiointipesäkkeet olivat korsujen välissä kulkevissa juoksuhaudoissa. Juoksuhauta oli sen verran syvä, ettei päätä näkynyt reunan yli. Tähystys hoidettiin seuraamalla ja kuuntelemalla ympäristöä. Vieraiden tunkeilijoiden ilmaantuessa tehtiin hälytys ja tarvittaessa ammuttiin reunan yli. Yöllä oli aina hiljaista, kun korsuissa olevat sotilaat nukkuivat. Vartijana ollessa pysyäkseen hereillä täytyi vaikka hyräillä hiljaa esimerkiksi; *" Ma vartiossa seison, nyt yössä yksinäin, On seuranain*

vain taivaan tähti kirkas. Ja usein ajatukset on mulla samat näin, Oi taivaan
tähti sama on sun virkas. Ja usein ajatukset on mulla samat näin, Oi taivaan
tähti sama on sun virkas (säv.Lassi Utsjoki, san. Elli Tuomisto).

Sotilailla oli radio yhteisissä tiloissa. Neuvostoliiton puolelta tuli usein lähetys Tiltun akalta: "Suomen poijjat lopettakaa sota ja tulkaa tänne, saatte mahanne täyteen ruokaa ja leipää!"

Kun sotilailla ei ollut korsussa sovittuja tehtäviä tai vartiointivuoroa, he viettivät aikaa nikkaroiden pieniä tavaroita, kuten lusikoita, kauhoja, jopa istuimia ja hyllyjä korsuun. Taitavimmat nikkaroivat pahkoista taidetta tai lampunkupuja sekä tuohesta koreja. Metsässä oli raaka-ainetta moneen tarkoitukseen. Aika kului myös korttia pelaten ja joskus, kun sotilaat saivat hevosmieheltä ylimääräisen vilja- ja sokeriannoksen, he laittoivat kiljua tulemaan. Jussi oli ottanut mukaansa mandolinin, onka Josua oli tuonut Pietarista vaihtotavarana. Jussi näppäili kieliä ja löysi kappaleiden säveliä. Nuottikirjaa hänellä ei ollut, korvakuulolta soitteli. Korsussa hän viihdytti toisia ja soitteli illan ratoksi milloin Emmaa tai Elämää juoksuhaudoissa tai Väliaikaista kaikki on vain.

Sota-ajan ilmainen postin ja postipakettien kuljetus

Siviiliväestö ja eri järjestöt halusivat järjestää myös erilaista viihdettä sotilaiden ajankuluksi. Eri sotilasyksiköissä kävivät vierailemassa Metrotytöt, Pauli Räsänen, Esa Pakarinen, Kipparikvartetti, Kauko Käyhkö, Tauno Palo, Liisa Tuomi ja moni muu laulu- ja teatterirevyyohjelmilla.

Sotilaille ja siviiliväestölle ilmoitettiin, että sotilasyksiköihin voi lähettää postipaketteja ja kirjeitä ja kortteja ilman postimaksua. Myös kirjeitä tuntemattomille sotilaille toivottiin lähetettävän. Vuoden 1943 aikana myös postinkulku sotilaiden ja siviiliväestön välillä lisääntyi. Uuno

71

toimi lähettinä myös postin kulun suhteen ja toimitti kirjeitä ja paketteja sotilaille ja sotilailta. Moni Uunon tuoma paketti kiinnosti avaajaansa. Kun Uunon omasta korsusta moni oli jo availlut tuntemattomien lähettämiä paketteja, kehottivat toiset sotilaat myös Uunoa avaamaan yhden paketin. Uuno ottaa yhden paketin ja avaa sen, hän yllättyy, sillä paketissa on iso lihakukko, voipaketti, ruisleipä, piirakoita, hillomunkkeja ja palasokeria. Paketin sisällä on vielä kauniisti koristeltu kirjekuori ja kun Uuno avaa kuoren, sisältä löytyy kirje, jossa paketin lähettäjä toivoo saajalle rauhallista oloa siellä jossakin sotatoimialueella ja toivomus, että saajalle maistuisi paketin sisältö! Kirjeessä oli myös kuvaus seudusta, mistä paketti oli lähetetty.

Lähettäjä kirjoitti nimekseen Tilda ja oman osoitteensa. Lupasi lähettää myös uuden paketin, jos vastaanottaja lähettäisi hänelle kirjeen, jossa olisi vastaanottajan omat henkilötiedot ja lähempi osoite.

Kun toiset korsusotilaat näkivät tämän Uunon aukaiseman paketin ja kirjeen sisällön, he kaikki olivat kehottamassa Uunoa lähettämään kiitoskirjeen paketin lähettäjälle. "Kirjoita siihen jo rakkaudesta ja semmosta mukavoo", yllyttivät korsukaverit. He uskoivat, että siitä saattaisi olla hyötyä heillekin herkullisten lihakukkojen myötä.

Kun joulun aika oli ohi ja alkoi uusi vuosi 1944, Uuno kirjoitti Tildalle kiitoskirjeen, jossa oli myös hänen lähempi osoitteensa. Uuno ei ajatellut kiitoskirjettä kirjoittaessaan, että tuntemattomalta naiselta Riistavedeltä tulisi uusia lähetyksiä hänelle. Yllätys tuli kuitenkin taas helmikuulla, kun ystävänpäivän lähestyessä tuli Uunolle paketti. Paketti oli sisällöltään edellistä suurempi ja mukana oli kirje ja ystävänpäivätervehdys ja kiitos mukavasta kirjeestä. Tilda kertoi kirjeessä myös oman ikänsä sekä elämäntyylinsä ja esitti toivomuksen, että kirjeenvaihto voisi jatkua. Tildan ja Uunon välinen kirjeenvaihto jatkui ja johti jatkossa siihen, että Uuno sai loman vapun aikaan ja hän matkusti silloin Riistavedelle Tildaa tapaamaan.

Eila aloitti syyskuussa Kuolismaan yläkansakoulun 3. luokalla. Koulunkäynti sujui erinomaisesti, sillä jo syyskauden päätyttyä Eila sai hyvät väliarvosanat kaikissa aineissa. Keväällä 1944 Eila sai päästötodistuksen 3.luokalta erittäin hyvin arvosanoin. Kymppejä, ysejä ja yksi kahdeksikko oli todistuksessa. Opettaja Olkkonen ehdotti Hilmalle ja Josualle, että Eila laitettaisiin syksyllä oppikouluun Joensuuhun. Eila oli asiasta innoissaan, mutta välillä hän tunsi haikeutta, jos kotikylä pitäisi jättää.

Asemasota-aika päättyy – Neuvostoliitto aloittaa hyökkäykset

Neuvostoliiton hyökkäykset alkoivat 9.6.1944 niin voimakkaina ja tuhoisina, että suomalaisten sotilaiden oli lähdettävä perääntymään ja luovuttamaan takaisin jo valtaamansa alueet Syvärin takaisilta asemalinjoilta. Perääntyminen jatkui juhannuksen tietämillä myös Karhumäen – Kannaksen Maaselän rintamilta. Kaikki kävi nopeasti ja miehiä kuoli rintamalle.Maiden välinen aselepo astui voimaan 4.9.1944. Suomen oli tunnustettava myös vuoden 1940 rauhansopimus. Lisäksi Suomen oli karkoitettava Pohjois-Suomessa olevat saksalaiset sotilaat ja maksettava Neuvostoliitolle raskaat sotakorvaukset.

Mäntyniemen tuparakennus oli viittä vaille valmis, kun heinäkuun alkupuolella tuli taas lähtökäsky evakkoon. Lähtövalmiina olisi oltava parin päivän päästä. Hilman hartiat lysähtivät ja kyyneleet peittivät silmät, kun sotilaat tulivat ilmoittamaan lähdöstä. Hilmasta tuntui, että kaikki taas menetettäisiin, kaikki ahertaminen uuden kodin saamiseksi oli ollut turhaa. Oli raskasta alkaa leipoa evästä ja pakata matkaan otettavia tavaroita. Eila kyseli ahkeraan: "Minne me nyt mennään? Milloin me tullaan kotiin takaisin?" Hilma ei osannut vastata yhteenkään kysymykseen. Hän vain pudisti hiljaa päätään. Alakulo valtasi tuvan. Hiljaisesti alettiin laittaa reppuihin tavaroita sydän täynnä murhetta ja huolta tulevasta.

Hilma ja Josua perheineen lähtivät 8.7.1944 vähäisten matkatavaroiden ja eväsreppujen kanssa linja-autolla Kaltimoon seurojen talolle, jonne Martat olivat järjestäneet ruokailun, hernekeittoa. Yöpaikkakin oli varattu pariksi yöksi, mutta Kettuset menivät yöksi tuttavaperheeseen, jonne heidät ystävällisesti kutsuttiin. Toinen evakkomatka jatkui 10.7. höyryjunalla Iisalmen suuntaan Kauppilanmäkeen, jonne he pääsivät seuraavana päivänä. Siellä perheet vietiin Työväentalolle, jonne oli varattu syötävää ja juotavaa sekä yösija.

Evakkopaikaksi oli ilmoitettu Hilmalle ja Josualle sama talo kuin edellisellä evakkoreissulla, joten matka jatkui Sonkajärven Aittokoskelle Heiskasten taloon linja-autolla. Raskas matka oli takanapäin. Hilma oli kietonut mustan huivin päänsä ympärille ja tervehti isäntäperhettä kyynelsilmin. "Ei kukaan olisi uskonut, että tässä käy näin, että joudumme takaisin tänne," nyyhkytti Hilma. Emäntä rauhoitteli ja lohdutti, mutta raskas huoli oli Hilmalla tulevasta.

Päivä toisensa jälkeen vierähti ja Hilma, Josua ja tytöt Sylvi ja Eila auttoivat isäntäperhettä heinänteossa ja navettahommissa. Yhdessä paistettiin myös karjalanpiirakoita ja leipää. Syksyn tultua Eila aloitti Aittokosken kansakoulussa 4. luokalla. Koulu sujui hyvin, kaverit olivat auttavaisia ja reiluja Eilaa kohtaan.

Savon evakkokausi päättyy

Elettiin kesää 1945. Hilman ja Josuan perhe sai siirtomääräyksen heinäkuulla lähteä junalla Kontiomäen ja Nurmeksen kautta Kaltimoon. Kaltimossa oli varattu yöpymispaikka Seurojentalolle. Seuraavana aamuna matka jatkui linja-autolla Ilomantsin Sonkajaan. Siellä Hilman perheelle oli varattu majapaikka Rouvisen pihapiirissä olevaan pieneen erilliseen mökkiin. Mökki oli ahdas, mutta kaikille saatiin kuitenkin nukkumapaikat. Yhteisessä käytössä oli päätalon tupakeittiö. Siellä Hilma sai käydä valmistamassa perheelle ruokaa ja kahvikorviketta.

Rouvisessa asumassa oli alkuun kuusi henkeä; Hilma ja Josua, Sylvi ja Eila sekä Uuno ja Jussi.

Uuno oli seurustellut sota-aikaisen kirjeenvaihtoystävän Tildan kanssa heti sotajoukoista pääsemisestä lähtien. He menivät kihloihin jo vuoden 1945 lopulla. Uuno vietti paljon aikaa Riistavedellä Tildan luona.

Eila aloitti yläkansakoulun kuudennen luokan Sonkajan kansakoulussa 1945. Sylvi oli alkanut seurustella Oiva Hiltusen kanssa jo heti alkusyksystä Oivan päästyä pois sotapalveluksesta. Sylvikin vietti paljon aikaa Oivan kotona. Syksyn aikana he menivät kihloihin.

Rouvisen pihamökissä oli näin ollen paljon väljempää olla ja asua. Hilmalla oli vähemmän ylimääräistä työtä. Hän ja Josua auttelivat Rouvisen isäntäperhettä niin sisä- kuin ulkotöissä. Myös Eilalla koululäksyjen lukeminen ja tehtävien suorittaminen oli rauhallista.

Hilja oli poikien kanssa saanut majapaikaksi Sonkajassa Antti Variksen talosta huoneen. Oskari ja Martti kävivät Sonkajan koulua. Samaa koulua kävi Antti Variksen tytär Maija, josta tuli myöhemmin Martin puoliso. Väinö palasi heidän luokse sodasta. Martta ja Erkki sekä lapset Liisa ja Jorma vuokrasivat Kaltimosta asunnon.

HILMAN JA JOSUAN KYLMÄ ASUTUSTILA ISSAKKAAN

Suomalaisia kaatuneita sodassa oli 85 500 henkeä ja haavoittuneita oli yhteensä noin 210 000, joista monet jäivät invalideiksi. Karjalan alueluovutus oli 9,4 prosenttia Suomen pinta-alasta ja se oli kova taloudellinen isku. Siirtolaisväkeä kaikki alueet yhteen laskien oli lähes 400 000 henkilöä. Yhteiskunnalle oli suuri haaste sodan jälkeen puolen miljoonan sotilaan sijoittaminen siviilielämään sekä siirtoväen ja rintamiesten asuttaminen.

Vuoden 1944 loppupuolella oli ASO (Asutusasiainosasto) hankkinut kunnista luettelot kaikista niiden alueilla sijaitsevista yli 10 peltohehtaarin tiloista. Maanhankintalain mukaisia maanluovuttajia on arvioitu olleen noin 16 000 kappaletta. Heidän taloudellisten uhrauksiensa ansioista oli asutustoimintalain täytäntöönpano mahdollinen. Maanhankintalain perusteella maata jaettiin lähes 3 miljoonaa hehtaaria. Runsaat 60 % maasta sai siirtoväki. Rintamamiehet sekä sotalesket ja -invalidit saivat runsaat 60 % muodostuneista yli 94 000 tilasta. Korvausta haettiin vuonna 1945 säädetyn maanhankintalain perustella.

Huomattava osa rakennuksista jouduttiin rakentamaan niin sanotuille kylmille tiloille, jotka olivat raivaamattomia ja rakentamattomia. Tällaisia tiloja oli noin 15 000, yksi niistä sijaitsi Issakassa, Kastilan tilasta lohkaistu, jossa oli metsä- ja suomaata. Hilma ja Josua saivat myönteisen päätöksen tähän tilaan vuonna 1946. Tila oli pinta-alaltaan 16 hehtaaria, mihin voisi rakentaa omakotitalon. Rakennusluvat haettiin ja talonpaikkaa katsasteltiin Josuan, Uunon ja Jussin toimesta. Seuraavan vuoden keväällä alettiin kaataa puita piha-alueelta. Puut otettiin rakennuspuiksi ja kannot kaivettiin ylös ja poltettiin.

Kesällä 1946 vietettiin Sylvin ja Oivan häitä. Sylvi muutti nuorena rouva Hiltusena Huhukseen. Eila oli häissä kukkaistyttönä. Eilan koulunkäynti sujui mallikkaasti ja hän pärjäsi niin tietopuolen aineissa kuin liikuntaleikeissä pienen kokonsa ja ketteräisyytensä ansiosta. Eila sai koulusta päästötodistuksen toukokuussa 1948. Hilma sai myös myönteisen tiedon Sylvin raskaudesta.

Issakan rakennustyöt aloitettiin keväällä 1947. Uuno ja Jussi rakensivat ensiksi saunarakennuksen. Myös tuparakennuksen pohjaa tasattiin ja raivattiin. Pellonraivaustyöt käynnistettiin ja puita kaadettiin ja kuorittiin rakennuspuiksi.

Vuoden 1948 talvikausi toi Hilman mieleen monenlaisia ajatuksia. Sylvi ja Oiva olivat menettäneet keskosena syntyneen lapsensa. Hilma kävi läpi asioita, kun itse menetti kaksi lastansa Kuolismaassa. Ei päässyt lastensa haudoilla käymään. Niitä asioita hän ei unohtaisi koskaan.

Syksyllä 1948 Issakan asuinrakennuksesta oli saatu tehtyä ulkokuori ja talvella Jussi ja Uuno jatkoivat sisäseinien rakentamista. Myös muurari kävi muuraamassa uunit kammareihin ja tupaan isomman leivinuunin. Myöhään syksyllä Hilma, Josua ja Eila muuttivat lähes valmiiseen uuteen taloon. Tilda ja Uuno asuivat siellä myös ja heille syntyi poika.

Jussi oli sodan päättyessä majoittunut joukko-osastonsa mukana Kaltimoon. Sieltä käsin nuoret miehet kävivät lavatansseissa milloin Tyrjän tai Vallisärkän lavoilla. Erään kerran noissa tanssiaisissa hän haki monta kertaa illan aikana tanssiin kaunista tyttöä, joka kertoi olevansa Tyrjästä, Ihanuksen Hilja. Hilman ja Josuan ollessa Pettäjän Puhakassa evakossa, Jussi oli tavannutkin lomilla käydessään Hiljan ja tämän siskon Annan Tyrjän raitilla kulkiessa. Hilja vaikutti miellyttävältä ja Jussi ehdotti uusia tapaamisia. Tapaamisia tulikin ja niinpä Jussi ja Hilja menivät kihloihin syksyllä 1948. Jussi pyysi Hiljaa tulemaan Issakkaan tupaantulijaisiin ja kihlajaiskahville ja samalla katsomaan uutta taloa. Samalla Hilja tapasi Jussin vanhemmat, Hilman ja Josuan.

Syksyllä 1948 Eila aloitti rippikoulun Ilomantsin kirkossa. Eila asui viikon kirkolla sukulaistalossa Kettusella. Konfirmaatiotilaisuus oli kesällä 1949. Koulujen loputtua Sonkajan Urheiluveikot pyysivät Eilaa mukaan toimintaan. Eila oli esittänyt koulussa lausuntaesityksiä, joten häntä pyydettiin mukaan myös erilaisiin ohjelmasuorituksiin.

Loppukeväästä käytiin myös kuuntelemassa Ilomantsin kirkossa Hiljan ja Jussin kuulutukset ja Issakassa tarjoiltiin kuulutuskahvit. Juhannuksena 1949 vietettiin sitten Hiljan ja Jussin häitä. Vihkiminen tapahtui Ilomantsin kirkossa. Morsian oli puettuna pitkään valkoiseen hääpukuun ja morsiuskimpussa oli neilikoita ja omasta pihasta poimittuja hortensioita. Vihkimisen jälkeen nuoripari kävi valokuvaamossa. Kun he tulivat Issakkaan, muu hääväki toivotti heidät tervetulleeksi. Hilma oli pyytänyt Hiljaa ja Marttaa avukseen tekemään monipuolista hääateriaa. Josua toivotti nuoren aviovaimon tervetulleeksi Kettusten sukuun. Häävieraat onnittelivat hääparia ja toivottivat onnea tulevaisuuteen. Ruokailun jälkeen juotiin hääkakkukahvit. Kakun leikkaamisessa jalan polkaisu lattiaan tapahtui lähes yhtä aikaa, ehkä Hilja oli hieman nopeampi.

Illan jatkuessa kylältä tuli paikalle kaksi hanuristia ja yksi soittaja mandoliinin kanssa. Mandshurian kukkulat –valssi alkoi soida ja hääpari keinui onnellisena valssin tahdissa. Sukulaiset tulivat mukaan tanssin pyörteisiin. Morsianta vietiin lähes joka tanssiin - häävieraat sanoivat, että Jussi saa sitten myöhemmin olla kahdestaan Hiljan kanssa. Häävieraissa mukana oli Hiljan sukua isä Juho ja veli Matti. Hiljan äiti oli kuollut Hiljan ollessa 12-vuotias, samoin sisko Anna 23-vuotiaana kulkutauteihin.

Hilja ja Väinö olivat ostaneet Rouvisten naapuritalon, jossa myös Hilma ja Josua asuivat jonkin aikaa ennen Issakkaan muuttoa. Hilja ja Hilma kutoivat paljon mattoja ja täkänöitä niin seinille kuin lattioille. Kun Sonkajan Martat näkivät Hiljan kutomat seinävaatteet ja lattiamatot, he pyysivät Hilmaa mukaan Martta-toimintaan ja Eilaa Marttojen illatsuihin lausumaan.

Arki koitti ja Issakassa asuivat Hilma ja Josua, tytär Eila, Hilja ja Jussi ja Uuno, Tilda ja Erkki. Tilda ja Uuno asuivat kesän aikana yläkerrassa. Navettarakennusta rakennettiin ja muutama lehmä saatiin hankittua.

Issakka jää Jussille ja Hiljalle

Talo, jonka veljekset Uuno ja Jussi rakensivat, oli asutustilaksi varsin iso. Mutta iso sen täytyi ollakin, kun siellä asui seitsemän aikuista ja kaksi lasta. Tilda ja Uuno olivat saaneet tyttären talvella 1949. Uuno ja Tilda ilmoittivat halusta muuttaa pois. Käytiin neuvottelua, kuka muuttaa. Hilja ja Jussi ilmoittivat, että he ovat nuorempia, he voivat etsiä muualta asumispaikkaa. Lopulta kuitenkin päädyttiin siihen, että kauppakirja tehtiin Jussin ja Hiljan nimiin. Kauppakirjaan sisältyi ehto, että Hilma ja Josua saavat asua Issakassa elämänsä loppuun saakka.

Taloon, Kettulaan, rakennettiin ulkoeteinen, suuri tupa ja kaksi kammaria. Lisäksi yläkertaan oli rakennettu rappuset ja yläkerran lattiat ja seinät oli myös rakennettu raakalaudasta. Yläkerrassa ei kuitenkaan ollut uunia, ainoastaan palomuuri. Tilda ja Uuno lapsensa Erkin kanssa asuivat kesän ajan yläkerrassa, mutta syksyn tullessa he saivat vuokra-asunnon ensin Veikko Kettusen yläkerrasta, sitten Paja-Karvosen yläkerrasta. Sieltä Uuno Kettusen perhe muutti Sonkajaan, jonne he rakensivat oman talon.

Toisessa kammarissa asuivat Hilma ja Josua. Sitä kutsuttiin peräkammariksi. Välikammari oli Eilan käytössä ja Jussi ja Hilja nukkuivat tuvassa kannellisessa, avattavassa sängyssä. Petivaatteet, olkipatjat ja peitot laitettiin kannen alle päivän ajaksi.

Myöhemmin syksyllä Hilja huomasi olevansa raskaana ja synnytti ensimmäisen lapsen, tytön helmikuussa 1950. Hilma oli kovasti mielissään pienestä tytöstä ja hoiti tyttöä aina Hiljan ollessa navetassa. Arveli tytöstä tulevan käsitöiden taitaja, kun sormet olivat niin sujakat. Hilman sormia sen sijaan pakotti ja sorminivelet olivat turvoksissa ja

79

vääntyneet. "Liekö paleltuneet evakkomatkalla", tuumi Hilma ja voiteli käsiään linimentillä.

1950-luvun alkupuolella Issakkaan muutti Hiljan isä Juho Ihanus, joka oli myynyt asuinpaikkansa Tyrjässä. Hilja tarvitsi myös apua kotitöihin, kun Jussi oli talvella tiettyjä aikoja savotassa ja Hilja huomasi taas olevansa raskaana. Juho oli tervejalkainen ja osallistui monella tapaa talon töihin. Josuan vointi sen sijaan heikkeni, jaloissa ei ollut voimaa ja hän halvaantui jaloistaan ja joutui vuoteenomaksi. Puhekin meni aluksi, mutta palautui myöhemmin osittain. Hilma hoiti ja syötti häntä vuoteeseen. Jussi kantoi Josuan aina lauantaisin saunaan ja pesi hänet siellä.

Eila oli saanut töitä syksyllä 1950 Pirttivaaran sekatavarakaupasta. Hän sai asua kauppiaan kamarissa ja maksoi vuokraa tekemällä ylimääräisiä talon töitä. Eilasta tämä ensimmäinen työpaikka tuntui hyvältä ja sopi hänen tulevaisuudenkuvioihin. Hän suoriutui nopeasti ostosten yhteenlaskutehtävistä ja päässälasku sujui hyvin. Työsuhde oli kuitenkin määräaikainen ja se päättyi syksyllä 1951. Eila tuli Issakkaan takaisin.

Keväällä 1951 Hiljalle ja Jussille syntyi poika. Seuraavana vuonna tyttö ja taas seuraavana tyttö, Seija. Hiljalla oli kädet täynnä työtä lasten hoidossa, talon töissä ja eläinten hoidossa. Suureksi avuksi olivat niin Hilma-mummo kuin Juho-ukki. Vaunuissa oli aina joku, jota Juho-ukki heilutti. Navettaan oli myös hankittu lehmiä jo neljä, hevonenkin oli saatu ostettua ja kanat kuokkivat pihamaat kesäisin. Navetan perälle siankarsinaan ostettiin joka talvi porsas, joka yleensä teurastettiin jouluksi.

Hilja ja Jussi saivat myöhemmin vielä kaksi tytärtä.

Rintamamiestalo, navetta, sauna ja aitat

Issakan rintamamiestalossa oli tupa, kaksi kamaria ja eteinen. Tuvassa oli ovensuussa korvo omalla jalustalla. Vesikorvo oli alkuun puinen, mutta myöhemmin muovinen. Entisaikaan ryypättiin suoraan korvosta kauhalla vettä, kauha laitettiin takaisin korvon reunalle seuraavalle janoiselle. Vettä haettiin pihamaalla olevasta kaivosta. Kaivon paikan oli käynyt katsomassa kaivotietäjä, joka kulki haaraisen varvun kanssa pihalla ja etsi vesisuonikohtaa. "Kun varpu taipuu alaspäin, siinä on vesisuoni," ilmoitti tämä kaivonpaikan etsijä.

Ovesta vasemmalla oli Kuolismaalta ostettu astiakaappi, jossa oli alakaapit, leivinlauta, laatikoita ja ylhäällä kaapit. Kaappien ovessa oli kukkakoristeet. Kaappiin mahtui paljon erilaista tavaraa; astioita, kattiloita, työvälineitä, asiapapereita ja pitkässä vetolaatikossa Hilja säilytti mustikkapiirakkaa.

Nurkassa oli pesuvadille kaappi ns. kommuutti, sen yläpuolella lääkekaappi ja nurkassa vielä likasanko. Ikkunaseinällä oli tiskipöytä alakaappeineen ja yläkaappi, johon tiskatut astiat laitettiin. Samalla seinällä oli ylhäällä Ula-radio omalla alustallaan ja radion alla pitkät, ruskeaksi maalatut penkit. Näille penkeille Hilma komensi meidät lapset istumaan aina sunnuntaisin jumalanpalveluksen aikaan. Tuvassa keskellä oli pirttipöytä ja penkit.

Ovelta suoraan oikeassa nurkassa oli kannellinen sänky, jossa Hilja ja Jussi nukkuivat. Sänky kasattiin aina päiväksi, kannen alle laitettiin patjat ja peitot sekä tyynyt.

Kiikkutuolin paikka oli sängyn ja uunin välissä. Siinä lapsia iltaisin kiikuteltiin uneen. Sen jalakset narisivat unettavasti. Ovelta oikealla oli uuni pankkoineen ja myös hella. Uunin pankolla kuivatettiin talvisin hevosen valjaita ja myös märkiä uunipuita. Hilja oli tarkka puiden kuivatuksessa, ettei vain sisälle pesiytyisi metsärussakoita. Muutama niitä joskus nähtiin ja silloin laitettiin myrkkyä uunin nurkkiin. Uunilla oli myös puukoukku, johon laitettiin syksyllä sipulipussi kuivumaan.

Alkuun hellassa oli hellaringit, johon pata laitettiin. Emalipadat olivat siitä syystä nokisia ja joskus niihin tuli reikiä. Syksyisin kulki mies, joka laittoi paikan tinaamalla emalikattiloihin.

Uunin vieressä ovensuussa oli puulaatikko, jossa säilytettiin puita ja tuohia ja muita sytykkeitä. Ruokakomero oli eteistilassa, josta lähti myös rappuset vinttiin.

Kammareita oli kaksi; etu- ja takakammari. Kalustuksena oli laitasänkyjä lapsille ja lipasto ja pöytä. Takakammarissa oli korkea neliönmuotoinen pöytä, josta myöhemmin 60-luvun lopulla sahattiin jalat lyhyemmäksi ja se toimi vinnissä pöytänä tyynyt ympärillä sen ajan hippimuodin mukaan.

Kammareissa oli myös omat harmaapintaiset uunit molemmissa, joita lämmitettiin talven aikana lähes joka päivä.

Muita rakennuksia oli navetta- ja aittarakennus. Navetassa oli parret viidelle lehmälle sekä karsina sialle ja kanan orret. Lehmien etuosassa oli tila, jossa säilytettiin lantut ja nauriit. Edessä oli myös lehmille heinien syöttökaukalo. Navettaan kannettiin alkuun lehmien juottovesi kaivosta, myöhemmin navettaan saatiin käsipumppu. Lehmien lantaa varten oli kaukalo, johon laitettiin vähän olkia, että lanta oli helpompi työntää lantalan puolelle, johon oli navetasta pieni ovi. Hiljan ja Jussin lapset osallistuivat monen monta kertaa näihin navettahommiin, pienempänä veden pumppaamiseen ja heinien antoon ja isompana lannan luontiin ja lehmien lypsämiseen.

Navetan vieressä oli hevosen talli, jossa työhevonen Humu asusteli. Humulla oli musta harja ja häntä ja se antoi lasten silittää sen harjaksia ja kaulaa, kun vietiin leipäpalanen sen eteen. Tallin oven avattua hevosen lämpö ja haju tulvahti vastaan. Humu oli hyvä palvelija ympäri vuoden erilaisissa talon töissä; talvella metsätöissä ja puun- ja heinien ajossa, kesällä heinätöissä, syksyllä perunannostossa ja elonkorjuussa sekä kyntötöissä. Myös maitotonkkia jouduttiin välillä viemään hevosella tien varteen.

Tallista ja navetasta tultiin tanahuaan. Se oli jonkinlainen navetan eteistila, jossa oli maidon viilennystilat, heinien ja olkien käsivarasto sekä tilat erilaisille työvälineille, kuten silppukoneelle, hangoille, talikoille ja lapioille. Hevosen valjaat säilytettiin myös tanahuan seinällä. Siitä lähti lankkuportaat myös ylisille, jossa säilytettiin heiniä ja olkia. Ylisille pääsi myös leveitä rappusia pitkin navetan puoleisesta päästä. Sinne pystyi ajamaan hevosella heinäkuorman kanssa. Myöhemmin, kun rappuset menivät huonoon kuntoon, ne purettiin ja heinät laitettiin ylisille seinään tehdystä aukosta.

Tanahuan vieressä navettarakennuksessa oli kaksi aittaa. Toista kutsuttiin eloaitaksi ja toista romuaitaksi. Eloaitassa oli laareja viljan säilytystä varten. Siellä vilja (kaura, ohra, ruis, vehnä) säkitettiin ennen myllyyn vientiä. Myös jauhosäkkejä säilytettiin eloaitassa. Jossain vaiheessa puolukkakorvo oli talven tässä aitassa. Talvella kävimme raaputtamassa jäistä puolukkaa lasiin, siihen laitettiin vettä ja se oli mitä raikkainta mehua.

Romuaitassa oli kaikenlaista tavaraa, kuten nauloja, ruuveja, kettinkejä, riimuja, rautalankaa, rautakanki sekä ylimääräisiä sankkoja, maitotonkkia ja talon ylläpitämiseen tarvittavia tavaroita. Romuaittaan siirrettiin myös kuoleman kohdatessa Hilma odottamaan ruumisautoa.

Navettarakennuksen päässä oli liiteri, joka oli täynnä puuta; koivua, kuusta ja mäntyä. Me lapset tehtiin usein pinoja, kun isä sahasi ja pilkkoi puut. Keväisin liiterin edessä oli koivurankaa ja paksumpiakin puita, jotka kevätahavilla sahattiin ja pilkottiin kuivumaan. Vasta kesän aikana ja syksyllä ne siirrettiin liiteriin. Äitini Hilja oli myös taitava puun pilkkoja vielä vanhemmallakin iällään, hän pilkkoi mahtavia röykkiöitä puita kuivumaan. Puut ajettiin talvella kelkalla tupaan ja saunaan, se oli myös meidän lasten työtä.

Liiterin takana oli ulkohuussi. Sinne noustiin pari rappusta ja siellä oli kaksi reikää – toinen aikuisille ja toinen lapsille. Seinällä oli kaukalo, johon tuotiin sanomalehtiä pyyhkimistä varten. Äitini opetti, että kun

83

sanomalehteä hankaa vastakkainen, se pehmenee. Näin saimme huussireissuilla pehmeätä "Serlaa" sanomalehdestä. Talvisaikaan huussikäynnit eivät olleet miellyttäviä. Usein äiti lähti mukaan ja myöhemmin siskot. Muutaman kerran kävi niin, että siskoni ja minä menimme syksypimeällä huussiin ja veljeni oli päättänyt hieman säikytellä meitä! Hän meni liiteriin ja syöksähti siskoani kohti kovasti karjuen juuri kun sisko ohitti liiterin oven. Sisko säikähti niin, että hän oli naama kalpeana pitkän aikaa ja veli sai moiteryöpyn tempustaan.

Pihapiiriin kuului myös uloslämpiävä sauna, jossa oli pukuhuone ja löylytila. Lauteilla otettiin löylyä ja alhaalla peseydyttiin. Muuripataan ja puisiin vesikorvoihin kannettiin kaivosta vettä. Saunapäivä oli yleensä kerran viikossa, lauantaisin. Hiukset pestiin pesuvadissa ja hiuksia huuhdeltiin moneen kertaan. Alusvaatteet vaihdettiin myös silloin. Saunan jälkeen paistettiin usein lettuja ja juotiin maitoa.

VUODET 1954-1958

Hiljalla ja Jussilla oli kädet täynnä työtä niin lasten hoidossa kuin maanviljelyksessä ja karjanhoidossa. Hilma-mummo ja Juho- ukki auttoivat heitä vointinsa mukaan. Josua-ukin vointi oli heikentynyt, halvaantuneena häntä hoidettiin viimeiset vuodet sänkyyn. Josuan voimat loppuivat huhtikuulla1955.

Eila oli kuullut, että Pohjois-Karjalan Osuuskauppa oli avannut myymälän Sonkajaan ja hakemuksesta Eila hyväksyttiin myyjättäreksi ja postin hoitajaksi huhtikuulla 1954. Seuravana vuonna Eila siirtyi Huhuksen PKO:n myymälään myyjäksi ja postinhoitajaksi. Hän sai asua siskonsa Sylvin ja hänen miehensä Oivan omakotitalossa. Aina kun töiltään kerkesi, hän auttoi kotitöissä, lypsykarjan hoidossa ja viiden lapsen hoidossa.

84

Huhuksessa ollessaan Eila kävi tansseissa niin Huhuksen lavalla kuin Sonkajan lavalla. Erään kerran häntä tuli hakemaan Säkkijärven polkkaan komea nuori mies Toivo. Asiat etenivät myönteisesti niin, että kihlajaisia pidettiin vuonna 1956 ja häitä juhlittiin 1957. Hilma ja Eilan sisarukset olivat mukana hääjuhlassa. Häissä ei tanssittu, koska Hiljan ja Väinön vanhin poika, Oskari, oli hukkunut Ilajalle. Oli suruaika. Eila ja Toivo saivat kolme poikaa ja Toivo toimi myymälänhoitajana ja Eila myyjänä useilla eri paikkakunnilla.

Tuokiokuvia lapsen silmin eräästä talvisesta päivästä Issakassa 1958

On hiljainen talviaamu, kun avaan silmäni. Hilja-äiti ja Jussi-isä ovat varmaankin navetalla. Nousen ja kävelen tupaan kammarista. Katson pöydälle, jossa on lautasella kuivia pullakorppuja. Varpaissani tuntuu kylmältä. Hellassa palaa tuli pienellä liekillä ja muutama emalikattila porisee hellan päällä. Otan hellalta kahvipannun, sellaisen punakeltaemalisen, ja kaadan kahvia puolikupillista, sitten maitoa ja sokeripala ja liotan korpunpalan siihen. Syön pullamössöä. Siinä se olikin - aamupala. Rappusilta kuuluu kopinaa ja äiti tulee tupaan sinisen harmaa navettanuttu yllään, kädet ovat aivan punaiset. Hän ottaa kattilan hellalta ja kaataa kypsyneet perunat sankoon. Ovat vasikoille. Muussaa niitä käsin, sormet lämpenevät vähän. Hapanimelä perunoiden haju tunkeutuu tupaan. " Mites sinä näin aikaisin olet herännyt? " äiti ihmettelee. " mee vielä sänkyyn, eihän tänään ole mihinkään kiire" , hän tuumaa ja pyörähtää saman tien viemään perunasankoa navettaan. Löyhkä jäi - perunoiden löyhkä.

Menen takaisin kamariin ja asetun laverisängylle. Olkipatja kahisee ja siirryn kohtaan, jossa on enemmän pehmeitä olkia ja vedän paksun peiton korviin. Ukki heräilee viereisessä sängyssä ja mummo peräkammarissa. Sisareni nukkuvat vielä. Kuuntelen hiljaa, yhtään ääntä ei kuulu, lumikiteet piirtyvät ikkunan alareunassa ja sisäpuolella on jäätä - huurteista jäätä.

Kuulen tuvan oven avautuvan ja isän yskivän ja sylkäisevän limalimpun likasankoon. Isä ottaa kuivat hevosen valjaat uunin päältä ja vie ne ulos.

Tuvasta alkaa kuulua kopinaa, kun vanhemmat palaavat navetalta. Nousen ja otan lattialta harmaat villatamaskit. Hilma-mummo on ne neulonut reuman runtelemilla käsillään. Vedän ne jalkaani. Päälläni on flanellikankaasta ommellut liivit, joissa edessä on 3 nappia ja sivuilla kaksi. Sivunapeissa on kiinni reiälliset kuminauhat. Villasukan yläreunaan alapuolelle laitan napin ja vedän kuminauhan siihen. Sukat eivät ole tarpeeksi pitkät ja reiden yläosaan jää paljasta ihoa, se tuntuu kylmältä ulkona pakkasessa. Sitten puen vielä villatakin. Napitan sen ylös saakka, sillä tuntuu kylmältä.

Menen tupaan, hellassa palaa tuli ja puukasa on lattialla. Mummo, ukki ja siskoni ja veljeni heräilevät. Hilma kohentaa tulta ja laittaa kattiloihin vettä lämpeämään. Äiti on tuonut lämmintä maitoa tullessaan ja kaataa sitä kannuun. Puukorvossa on leipätaikina, johon äiti lisää nousujauhot ja pyöräyttää sitä hierimellä muutaman kerran.

"Menisitkö isän mukaan metsään hevoskyytiä ottamaan?" kysyy äiti ja hörppää kahvikupista muutaman ryypyn samalla kun kantaa astioita tiskipöydälle. Sisaret ja veli valmistautuvat koulutielle ja heille Hilma-mummo voitelee eväspalaset mukaan reppuun.

"Joo," vastaan kainosti ja menen isän viereen seisomaan. Isä laittaa puita uuniin ja sytyttää sen. Liekkien lämpö alkaa kuumottaa poskiani ja kävelen isän perässä, ettei hän vain unohtaisi minua. Puen päälleni punaisen takin ja vedän huopatossut jalkaan. Kun ulkona alkaa olla valoisaa, lähdemme hakemaan hevosta tallista. Isä tuo hevosen ulos ja käyn antamassa sille kuivia leivän kannikoita. Humu syö ne kädestä ja hörähtelee kiitokseksi. Isä peruuttaa hevosen tukkireen eteen ja laittaa samalla suitset päähän. Sitten setolkan ja luokin ja nostaa aisat ja kiinnityslenkeillä laittaa aisat kiinni. Hevonen saa myös mahavyön, joka kiristetään ja hännän altakin kulkee vyö. Ohjakset kiinnitetään suitsiin. Isä antaa minulle hetkeksi ohjakset pideltäväksi ja käy hakemassa heiniä rekeen istuinalustaksi. Mukaan otetaan vielä saha ja tukkisakset. Istumme vierekkäin ja Humu alkaa hitaasti kävellä kohti metsikköä edellisellä viikolla tehtyjä jälkiä pitkin.

" Pruu, pruu ," ääntelee isä ja hevonen pysähtyy. Vien istuinalustalta heiniä hevoselle. Se alkaa näykkiä niitä. Lumessa makaa pitkiä mäntytukkeja. Isä kahlaa lumeen ja tarttuu tukkisaksilla tukin päästä ja alkaa vyöryttää sitä rekeen. Minä hyppelehdin kaadetun kuusen luo ja alan kerätä käpyjä kasaan. Tasoitan lumen ja siihen tulee navetta. Asettelen navettaani käpylehmiä -possuja ja -lampaita. Navetan ympärillä vaanii pari sutta ja kettukin! Isä ähkii ja ähisee pyörittäessään tukkeja kuormaan. "Eiköhän nämä nyt riitä tällä kertaa , "sanoo isä ja laittaa tukkisakset kuorman päälle. "Mitäs sinulla siellä on? hän istahtaa tukin päälle ja katsoo leikkejäni. "Tättä on pottu ja lehmät ja lampaat ja tuti ja kettu tuolla mettättä", esittelen isälle käpynavettaani. Isä yritti taas kerran näyttää, kuinka ässä sihisee hampaiden välissä, mutta kun ei sihissyt niin ei! Opin kyllä senkin kirjaimen ennen koulun alkua kesän aikana.

Eiköhän lähdetä kotiin", hän sanoo ja vetäisee ohjaksista hevosen liikkeelle. Hitaasti ja pää edestakaisin heiluen Humu vetää rekeä. Välillä isä hyppää pois reestä ja kävelee vieressä ja niin saavuimme kotipihaan. Juoksen sisälle, koska lapaset ovat lumesta kastuneet ja sormia palelee. Mummo asettelee lapaset ja kengät kuivumaan uunille ja lämmittelen uunin rinnassa kylmiä käsiäni.
Äiti on sillä aikaa alustanut leipätaikinan ja nyt jo mummon kanssa leipoivat leipiä. Hilma pyöritteli leipiä tottuneesti istualtaan. "Tulehan, niin ehdit vielä leipomaan oman leivän", sanoo äiti. Taputtelen taiki-

naa, maistelen sitä ja pyörittelen taikinaa molemmilla käsillä. "Laitetaan se nyt kohoamaan", naurahtaa äiti hassulle leiväntekeleelle. Isä tuo osan valjaista uunin päälle kuivumaan ja istahtaa pöydän ääreen. Äiti laittaa lautaset ja tuo kattilan hellalta pöytään. Huutelee sitten mummoa ja ukkia syömään. Ukki tuleekin ja istahtaa pöydän ääreen, mutta missähän se mummo viipyy. Äiti tokaisee minulle; "Menehän hakemaan mummo syömään!" Seisoin takakammarin ovella; "Työmään pitäiti tulla". Mummo ottaa kepin sängyn vierestä ja lähtee köpöttämään tupaan. Istahtaa sitten penkin reunalle pöydän ääreen ja ottaa perunamaitoa lautaselle. Pyörittää lusikkaa lautasella, ei meinaa ruoka maistua. Hän ottaa leipää ja suolasärkeä. Perunamaito on minusta hyvää ja maistuvaa isän kanssa tehdyn metsäreissun jälkeen.

Mummoni Hilma

Hilma -mummon kädet olivat kyhmyiset, reuman runtelemat. Tuvan nurkassa oli Kuolismaasta tuotu Singer –ompelukone, jolla hän ommella "surruutteli." Usein hän istahti ruuan jälkeen tuvan sängyn päätyyn ja otti sängyn alta laatikon, jossa oli leikattavia vanhoja vaatteita ja lakanoita. Mummo otti sakset ja alkoi leikata kukallista kangasta vinosti reunasta reunaan. Minä istuin vieressä ja pyöritin kudetta kerälle.

"Tiijätkös", virkkoi mummo ylpeästi, "minun isä oli räätäli Taneli, sellainen joka osasi ommella miehille sarka- ja pussihousuja ja takkeja ja vaikka mitä! Mittät tinun koti oli? " kysyin mummolta.
"Voi, voi lapseni, sota vei kaiken – talo ja navetta poltettiin, elukat vietiin, tuhkakasa jäi jäljelle, sinne jäi kaunis Kyläjärvi ja Kuolismaan kylä". Yksinhän minä lapsia ja elukoita hoitelin, ukkisi Josua vei tavaroita Pietariin ja saattoi viipyä sillä reissulla viikon-parikin, kun piti hevosella kärriteitä pitkin kulkea," jatkoi mummo. "Vähän se ukki ehti auttelemaan, mitä nyt heinäntekoaikana ja syysviljojen niittopuuhissa

ja potun teossa mukana oli. Puitakin minä ite pilkoin, lehmät lypsin ja laitumelle laskin. Mummo naurahti ja sanoi: " Sitten se kotiin tuli ja venäjän kieltä posmotti, ettei selvää saanut ja oisi pitänyt toistenkin sitä muka opetella!" Mummo oikein innostuu ja laittaa sakset pois kädestään ja vähän kuin kuiskimalla kertoo: "Ei ollut ennen aikaa mennä edes lapsia synnyttämään laitoksille, viimenenkin synty saunassa, ei etes puapo ehtinyt kunnolla tulemaan, kun tyttö jo mualimaan tulla tupsahti. Ja aamulla sitten ol mentävä lehmien lypsylle. Semmosta ol elämä ennen sitä sottaa. Voi, jos siellä ois suanu ellee!"

HILMAN MATKASSA VIIMEISEN KERRAN

Oli kaunis kesäkuun lopun sunnuntai Issakassa vuonna 1963. Hilman hautajaispäivä. Väkeä oli tulossa, olihan Hilmalla ja Josualla kahdeksan lasta, joista kuusi elossa olevaa. Myös lapsenlapsia ja naapureita oli runsaasti. Josua oli saateltu hautaan jo kahdeksan vuotta aikaisemmin.

Maaliskuulta alkaen Hilman vointi alkoi huonontua. Hän valitti kipuja jaloissa ja käsissä eikä oikein pystynyt liikkumaan. Lääkärissä ja röntgenissä mummoa oli käytetty pari kertaa olkapääsäryn ja jalkojen heikkouden takia. Lääkäri määräsi hänelle särkylääkettä ja hierontaa. Myös näkö alkoi vaivata, hän ei enää oikein nähnyt eikä jaksanut kirjoitella tyttärilleen. Välillä mummo ei jaksanut nousta sängystä istumaan eikä syömään ja me lapset veimme hänelle ruokalautasen vuoteeseen. Meidän tehtävä oli myös päivittäin viedä likasanko ulkohuussiin.

Mummon vointi huononi päivä päivältä. Hän halusi, että pappi tulee käymään. Mummo valitti, että sairaus on Jumalan tahto. Papin kanssa he veisasivat virsiä ja mummo sai ehtoollisen. Me lapset saimme olla mukana tilaisuudessa. Hän kaipasi viime hetkilläänkin lapsiaan ja koki huolta lapsenlapsista. Pari päivää myöhemmin äitini lähti aamulla navettaan ja isä jäi äitinsä vuoteen viereen. Äiti kävi navetan ovella katsomassa tupaan päin lehmien lypsyn välillä ja huomasi, että mummon kammarin ikkuna oli avoinna. Äiti tiesi silloin, että nyt on mummo päässyt tuskistaan ja sielu pääsi avoimesta ikkunasta taivaaseen.

Jouduin lähtemään nuoremman siskoni kanssa naapuriin siksi ajaksi, kun mummo pestiin ja ruumis laitettiin aittaan odottamaan. Koska oli kuuma kesä, hautaustoimisto kävi hakemassa mummon, laittoi arkkuun ja toi uudelleen hautajaispäivän aamuna takaisin. Äiti puhdisti ja pesi myös mummon huoneen Lysolilla. Ymmärsin, että Hilmamummoa ei enää ole.

Hautajaispäivänä vieraat, Hilman lapset perheineen ja muut sukulaiset ja naapurit tulivat ensin Issakkaan, heidät oli kutsuttu aamulla klo 8 aikoihin. Hautajaisvieraille oli varattu karjalainen pitopöytä, johon kuului karjalanpaistia ja laatikoita sekä karjalanpiirakat ja munavoi, ruisleipää ja jälkiruokana kahvia ja täytekakkua sekä pikkuleipiä ja pullaa.

Puolenpäivän tienoilla hautaustoimiston auto toi arkun ja se laitettiin pihalle sahapukkien päälle. Jussi oli hakenut metsästä kuusia arkun ympärille. Saattoväki kokoontui pihamaalle ja arkku avattiin tunnin ajaksi. Vieraat kiersivät antamassa viimeisen tervehdyksen ja hyvästijätön mummolle. Hilmaa muistellessa esiin nousivat hänen taitavat ja ahkerat kädet sekä ompelu- ja kutomistaidot. Sodassa olleet pojat muistivat niin monet Hilman leipomat lanttu- ja lihakukot, jotka he saivat mukaansa lomilta palatessaan sotatantereelle. Hilma-mummon arkun äärellä laulettiin myös virsiä; *Sun haltuus rakas Isäi, mä aina annan itseni* ja *Oi Herra, jos mä matkamies maan, lopulla matkaa nähdä sun saan!* Me lapset olimme mukana katselemassa arkun ympärillä. Kuo-

90

lemaa ja kuollutta henkilöä ei pelätty. Kuolema koettiin luonnollisena, surullisena tapahtumana. Sitten arkku suljettiin ja nostettiin ruumisautoon. Hilmaa saatteli pitkä autoletka kohti Ilomantsin hautausmaata. Hilman pojat, Uuno ja Jussi, sekä tyttärien miehet kantoivat arkkua käytävää pitkin kohti Hilman puolison, Josuan hautaa ja laskivat valkoisen arkun hitaasti hautaan. Pappi siunasi hänet viimeiselle matkalle.

Hilman evakkotaival oli päättynyt.

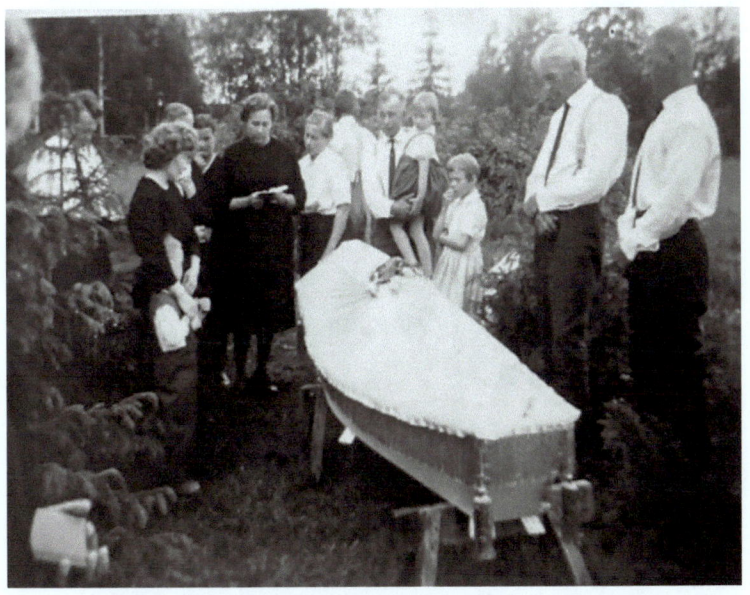

Hilman arkun ympärillä saattoväkeä

Tilda ja Uuno Kettunen

Hilma Kettunen, Hilja, Oskari, Väinö ja Martti Eronen 1955.

Johannes ja Hilja Kettunen

Martta Kettunen ja Erkki Nuoramo -37

Martta ja Pelagea

Hilma ja Oiva ja Sylvi Hiltusen perhe

Sylvi ja kaksoset istumassa , Eila oikeal-
la

Eila ja Hiltusen lapset

Eila ja Toivo hääjuhlassa sukulaisten ympäröimänä.

Kettusen sisarukset oikealta Hilja, Uuno, Eila, Martta ja Jussi

Kettusen tyttäret oikealta Hilja, Martta, Eila ja istumassa Sylvi

Hilma Kettunen

Jo Karjalan kunnailla lehtii puu
Jo Karjalan koivikot tuuhettuu
Käki kukkuu siellä ja kevät on
Vie sinne mun kaiho pohjaton.

Mä tunnen vaaras ja vuoristovyös
Ja kaskies sauhut ja uinuvat yös
Ja synkkäin metsies aarniopuut
Ja siintävät salmes ja vuonojes suut.

Siell' usein matkani määrätöin
Läpi metsien kulki ja näreikköin
Minä seisoin vaaroilla paljain päin
Missä Karjalan kauniin eessäin näin.

(san. Valter Juva, sov. Jouko Törmälä)

Sanaselityksiä

Ahos	Riihen parsille ahdetut lyhteet
Aivina	Tappuroista puhtaaksi puhdistettu pellava
Ajella	Kaulita piiraskakkaroita
Hankmo	Äes, käytettiin kynnöksen muokkaamiseen
Häkilöinti	Erotellaan hienommat (aivina) ja karkeammat (rohdinpellava) kuidut toisistaan. Häkilöinti on ns. kampaamista.
Kuusikko	Kauralyhteistä tehty viisi jalkaa ja hattu
Loukutus	Kuivat pellavat *loukutetaan,* tarkoituksena rikkoa pellavan varren puumainen osa.
Lihtaaminen	Pellavat vedetään metallisia teriä vasten, tarkoituksena saada puumaiset osat kuidusta eroamaan. (vrt. lipsuttaminen)
Pieles	Heinistä tai oljista ulos tehty säilytyskasa
Puapo	Lapsenpäästäjä, kätilö
Rohdinrauta	Lyhteistä irrotettiin siemenkodat vetelemällä lyhteen päitä *rohdinraudan* piikkien läpi.
Rännäli	Kahvinpaahdin
Viipsinpuu	Vyyhtien tekemiseen käytetty puu
Äpräs	Joen rantatörmä